Licenciamento ambiental municipal

Andrea Cristina de Oliveira Struchel

Copyright © 2016 Oficina de Textos
1ª reimpressão 2022

Grafia atualizada conforme o Acordo Ortográfico da Língua Portuguesa de 1990, em vigor no Brasil desde 2009.

Conselho editorial Arthur Pinto Chaves; Cylon Gonçalves da Silva; Doris C. C. K. Kowaltowski; José Galizia Tundisi; Luis Enrique Sánchez; Paulo Helene; Rozely Ferreira dos Santos; Teresa Gallotti Florenzano

Capa Malu Vallim
Imagem da capa adaptado de Google Earth/Digital Globe (2016)
Projeto gráfico, diagramação e preparação de figuras Alexandre Babadobulos
Preparação de texto Carolina A. Messias
Revisão de texto Renata Sangeon
Impressão e acabamento Renovagraf

Dados Internacionais de Catalogação na Publicação (CIP)
(Câmara Brasileira do Livro, SP, Brasil)

Struchel, Andrea
 Licenciamento ambiental municipal / Andrea Struchel. -- São Paulo : Oficina de Textos, 2016.

Bibliografia
ISBN 978-85-7975-227-8

 1. Campinas (SP) 2. Direito ambiental 3. Impacto ambiental 4. Licenças ambientais 5. Meio ambiente - Leis e legislação 6. Política ambiental 7. Proteção ambiental I. Título.

16-00721   CDU-34:502.7.35.078.1 (815.6)

Índices para catálogo sistemático:
1. Licenciamento ambiental municipal : Campinas : São Paulo : Direito 34:502.7.35.078.1 (815.6)

Todos os direitos reservados à Oficina de Textos
Rua Cubatão, 798 CEP 04013-003 São Paulo-SP – Brasil
tel. (11) 3085 7933
site: www.ofitexto.com.br
e-mail: atend@ofitexto.com.br

"Hoje, a análise dos problemas ambientais é inseparável da análise dos contextos humanos, familiares, laborais, urbanos, e da relação de cada pessoa consigo mesma, que gera um modo específico de se relacionar com os outros e com o meio ambiente. Há uma interação entre os ecossistemas e entre os diferentes mundos de referência social e, assim, se demonstra mais uma vez que o todo é superior à parte."

Papa Francisco, Carta Encíclica "Laudato Si", de 24 maio 2015, p. 110

Apresentação

Foi com muita honra e, por que não dizer, com um pouco de inveja que recebi o convite da Dra. Andrea Cristina de Oliveira Struchel para apresentar seu oportuno e instigante livro *Licenciamento ambiental municipal*. Quem a conhece sabe da sua enorme capacidade investigativa e do seu profundo conhecimento jurídico-institucional voltado às questões meioambientais. Trata-se de uma intelectual que, mercê dos seus conhecimentos teóricos e práticos adquiridos durante sua trajetória acadêmica, como aluna e como professora de conceituadas instituições de ensino e pesquisa, e também pelo exercício de funções públicas relevantes, à frente dos cargos de Diretora do Departamento Sustentável e, posteriormente, de Supervisora Departamental da Secretaria do Verde, Meio Ambiente e Desenvolvimento Sustentável da Prefeitura Municipal de Campinas, granjeou o respeito e a admiração daqueles que, como ela, buscam harmonizar as práticas econômicas e sociais com o uso sustentável da natureza.

O licenciamento ambiental – tema deste livro – é um dos instrumentos mais eficazes de que dispõem a Administração Pública e a comunidade para assegurar a necessária proteção do ambiente. Trata-se de procedimento complexo e que envolve diversas áreas do conhecimento, razão pela qual os estudos ambientais, ou sua dispensa, quando for o caso, dependem de sua permanente submissão aos princípios do Direito Ambiental, especialmente os da: i) supremacia do interesse público sobre o privado, ainda que legítimo; ii) função social e ecológica da propriedade pública e privada; iii) precaução e prevenção; iv) razoabilidade e proporcionalidade; v) participação comunitária; vi) informação e ampla defesa, entre outros mencionados pela autora.

Usando uma linguagem simples, direta e agradável, ela soube conduzir com sabedoria o objeto do seu trabalho. Fê-lo por meio de um texto sem rebuscamento e sem a aridez da maioria dos trabalhos jurídicos. Serviu-se de uma bibliografia vasta, atual e diversa e resgatou opiniões divergentes dos autores consultados, mas soube colocar com muita propriedade, sutileza e veemência suas observações contrárias às daqueles autores.

Seu livro, inovador na abordagem temática, profundo nas discussões teóricas e didático na apresentação do seu conteúdo, será, sem dúvida alguma, leitura obrigatória a quem se propuser a tirar dúvidas epistemológicas sobre aspectos da ciência ambiental, especialmente aquelas relativas aos procedimentos administrativos voltados ao licenciamento ambiental municipal. Se para esses profissionais este livro servirá de guia, de paradigma e de solução a questões complexas, para os iniciantes e para a comunidade em geral ele servirá de manual jurídico-institucional para o conhecimento abrangente da matéria e, com isso, permitirá que eles assumam posições corretas sobre os procedimentos administrativos.

Por tudo isso, congratulo-me com a autora pela excelência do trabalho realizado, tendo a certeza de que ele servirá de paradigma à concepção de projetos econômicos e sociais voltados ao uso do solo municipal, à sua análise pelos agentes públicos e à manifestação da comunidade na difícil tarefa de harmonizar interesses distintos, mas não necessariamente excludentes: o desenvolvimento socioambiental e a necessária proteção da natureza.

Hildebrando Herrmann
Professor da Universidade Estadual de Campinas (Unicamp) e do
Centro Universitário de Araraquara (Uniara)

As cidades primam por gestão ambiental eficiente e eficaz, de modo a consolidar, em sede local, os comandos de proteção do meio ambiente em todas as suas formas, ditados na órbita planetária, nacional, estadual e regional.

Assim é que vem à tona a municipalização da gestão ambiental constante na Constituição Federal de 1988, na Lei nº 6.938/81 (Política Nacional de Meio Ambiente) e na Lei Complementar nº 140/11 (Competências ambientais). Nesse contexto, o licenciamento ambiental é a ferramenta basilar de que os Municípios dispõem, na qualidade de entes federativos integrantes do Sistema Nacional de Meio Ambiente (Sisnama), para galgar sustentabilidade e aprovação de empreendimentos e atividades.

Dessa forma, o manuseio da presente obra, que se debruça sobre o licenciamento ambiental municipal, contribui para a capacitação de agentes públicos e privados ligados à atividade de licenciamento e controle ambiental dos órgãos municipais de meio ambiente, uma vez que traz sólidos aspectos teóricos (doutrina e conceitos técnicos) e práxis propriamente dita (jurisprudência, legislação e experiências práticas) sobre os diversos temas que englobam o processo de licenciamento ambiental na órbita local. Trata-se de importante contribuição aos gestores de todo o país.

Testemunho ser a autora uma técnica de destacada competência e experiência prática reconhecida, cuja atuação se relaciona de forma direta com os avanços recentes e o destaque alcançado pelo Município de Campinas (SP) nessa temática.

Rogério Menezes
Secretário do Verde, Meio Ambiente e
Desenvolvimento Sustentável de Campinas (SP)
Presidente Nacional da Associação Nacional de Órgãos Municipais
de Meio Ambiente (Anamma)

Sumário

Introdução 11
   I.1 Conceito e considerações a respeito da expressão
        "meio ambiente" ante a Constituição Federal de 1988
        e legislação ambiental correlata 12
   I.2 A Política Nacional de Meio Ambiente e os instrumentos
        de gestão ambiental 25

**1. Conceitos, competências e princípios envolvidos
no licenciamento ambiental** 27
   1.1 Conceito e finalidade do licenciamento ambiental 27
   1.2 Competência dos entes federativos para o licenciamento
        ambiental 29
   1.3 Princípios ambientais relacionados 41
   1.4 Objeto de licenciamento ambiental 54

2. Modalidades de licença e fases do licenciamento 57
   2.1 Licença ambiental e suas modalidades 57
   2.2 Fases do procedimento para a concessão de licença
        ambiental 63
   2.3 Compatibilidade entre o licenciamento ambiental
        e o urbanístico 67
   2.4 Prazos de análise técnica e comunitária 68
   2.5 Prazos das licenças ambientais 68
   2.6 Renovação das licenças ambientais 69
   2.7 Revisão das licenças ambientais 69
   2.8 Convalidação do processo de licenciamento ambiental 71
   2.9 Licenciamento simplificado 72
   2.10 Autolicenciamento ambiental 72
   2.11 Licenciamento ambiental complexo 76

2.12	Licenciamento ambiental corretivo	79
2.13	Estudo de Impacto Ambiental (EIA)	88
2.14	Compensação ambiental	93
2.15	O licenciamento ambiental em áreas verdes e unidades de conservação (UCs)	96
2.16	O licenciamento ambiental municipal e sua interferência nos recursos hídricos	103

3. Peculiaridades do licenciamento ambiental municipal 109

3.1	Medidas de cooperação por meio de atuação supletiva, subsidiária ou delegada	109
3.2	O papel do Município quando o licenciamento ambiental é de competência de outros entes federativos	111
3.3	O papel do Município no licenciamento ambiental do parcelamento do solo	115
3.4	Licenciamento ambiental de regularização fundiária em nível municipal	130
3.5	Licenciamento ambiental municipal de empreendimentos imobiliários	133
3.6	Licenciamento ambiental de equipamentos de infraestruturas urbanas de significativo impacto no Município	137
3.7	Índices de sustentabilidade no licenciamento ambiental municipal	144

4. Responsabilidade ambiental 151

4.1	Responsabilidade ambiental administrativa	152
4.2	Responsabilidade civil	158

Referências bibliográficas 181

Apêndice 187

Introdução

Cidades, pessoas e meio ambiente são conceitos intimamente ligados, assim como o urbano e o rural, espaços privados e públicos, áreas urbanizadas, verdes e de lazer, sistema de transportes individual e coletivo, salubridade e poluição.

Na seara ambiental, fenômenos como a concentração de gás carbônico na atmosfera, a crescente escassez de água potável, a degradação dos solos, a poluição dos rios, lagos, zonas costeiras e baías, os desmatamentos contínuos, bem como fatores como o progressivo crescimento populacional, acompanhado de novos padrões de consumo e produção, resultam em quantidades de resíduos e substâncias tóxicas poluentes e atestam o caos da degradação planetária, com efeitos desastrosos em nosso *habitat*.

Não obstante a evolução da sociedade e da visão da importância da proteção dos recursos ambientais, muitas vezes o meio ambiente ainda é visto somente como as áreas verdes e de lazer, que oferecem bem-estar e conforto aos citadinos, ou até mesmo numa visão direcionada apenas aos recursos naturais (a exemplo dos rios, matas, animais), afastando-se de uma visão sistêmica, inclusive sobre sobrevivência das pessoas em seu *habitat* cada vez mais comum: a cidade.

O licenciamento é um dos mais importantes instrumentos de controle ambiental a cargo de todas as esferas de governo. Nesse contexto, abordam-se nesta obra, de forma reflexiva e prática, temas relacionados ao controle de obras, empreendimentos e atividades de impacto ambiental que se estabelecem nas cidades com o manejo do licenciamento ambiental, com peculiaridades destacadas. Discorre-se tanto sobre a competência e os procedimentos para o licenciamento ambiental de âmbito local (atividades potencialmente poluidoras, áreas verdes, infraestrutura urbana e, eventualmente, empreendimentos imobiliários e regularização fundiária municipal) como sobre sua função complementar ou subsidiária ao licenciamento ambiental de outros entes federativos (loteamentos urbanos, aeroportos, aterros sanitários, estações de tratamento de esgoto, entre outros). Responsabilidades, sanções e papel do Ministério Público completam essa publicação de interesse tanto aos envolvidos com empreendimentos e licenciamento ambiental no âmbito das cidades quanto aos bacharéis em diversas áreas do meio ambiente. Ao final, apresenta-se um apêndice com um compêndio da principal legislação nacional manuseada em sede de licenciamento ambiental municipal organizado por temas para facilitar a consulta do leitor.

I.1 Conceito e considerações a respeito da expressão "meio ambiente" ante a Constituição Federal de 1988 e legislação ambiental correlata

Visitar o conceito de meio ambiente em detrimento da ocupação das cidades requer visão multidisciplinar, pois esse conceito influencia e é influenciado por diversas interferências, e interdisciplinar, pois se relaciona com distintos ramos do conhecimento (entre outros, Direito, Biologia, Engenharia, Ecologia, Arquitetura).

A Lei de Política Nacional do Meio Ambiente (Lei nº 6.938/81) define:

> Art. 3º Para os fins previstos nesta Lei, entende-se por: I - meio ambiente, o conjunto de condições, leis, influências e interações de ordem física, química e biológica, que permite, abriga e rege a vida em todas as suas formas;

A Constituição Federal reza que:

> Art. 225. Todos têm direito ao meio ambiente ecologicamente equilibrado, bem de uso comum do povo e essencial à sadia qualidade de vida, impondo-se ao Poder Público e à coletividade o dever de defendê-lo e preservá-lo para as presentes e futuras gerações.

O conceito legal dado pela Lei de Política Nacional do Meio Ambiente foi recepcionado pela Constituição Federal de 1988, em seu art. 225, fato pelo qual se chega à conclusão de que o conceito de meio ambiente é amplo e indeterminado. Em balizada lição de Silva (2010, p. 18): "O meio ambiente é, assim, a interação do conjunto de elementos naturais, artificiais e culturais que propiciem o desenvolvimento equilibrado da vida em todas as suas formas".

Assim, o meio ambiente é a conjugação de uma gama de condições ou elementos naturais, culturais, construídos ou do trabalho que visam, em última instância, ao desenvolvimento do ser humano de forma equilibrada com o seu *habitat*.

Diante do conceito legal apresentado, o meio ambiente pode ser dividido em quatro subespécies: o natural, o urbano, o cultural e o do trabalho. A referida classificação tem voz constante na doutrina e nos tribunais, especialmente no Supremo Tribunal Federal:

> Os instrumentos jurídicos de caráter legal e de natureza constitucional objetivam viabilizar a tutela efetiva do meio ambiente, para que não se alterem as propriedades e os atributos que lhe são inerentes, o que provocaria inaceitável comprometimento da saúde, segurança, cultura, trabalho e bem-estar da população, além de causar graves danos ecológicos ao patrimônio ambiental, considerado este em seu aspecto físico ou natural. (Brasil. Supremo Tribunal Federal. Pleno, v.u., ADI-MC 3.540/DF. Relator: Min. Celso de Mello, j. em 1º set. 2005. *DJU*, 3 fev. 2006, p. 14).

O meio ambiente natural ou físico é o meio constituído pelos recursos naturais, quais sejam: solo, água, ar, fauna, flora, cujo principal dispositivo constitucional de salvaguarda é o art. 225, § 1º, incisos I e VII.

O meio ambiente urbano, artificial ou construído compreende o espaço urbano, composto pelos bairros, loteamentos, condomínios, equipamentos privados e públicos, ruas, praças, estando diretamente ligado à definição de cidade. Sua tutela espraia-se sobre vários dispositivos da Constituição Federal, com destaque aos art. 5º, XXIII, art. 21, XX, art. 182 e art. 225, *caput* e, na legislação infraconstitucional, a Lei nº 6.766/79 (Parcelamento do Solo Urbano), a Lei nº 10.257/01 (Estatuto da Cidade) e a Lei nº 13.089/15 (Estatuto da Metrópole). Em sede doutrinária, Fiorillo e Rodrigues (1997, p. 59-60) definem o meio ambiente urbano:

> Por meio ambiente artificial entende-se aquele constituído pelo espaço urbano construído, consubstanciado no conjunto de edificações (espaço urbano fechado) e dos equipamentos públicos (espaço urbano aberto). Assim, vê-se que tal "tipo" de meio ambiente está intimamente ligado ao próprio conceito de cidade, vez que o vocábulo "urbano", do latim *urbs, urbis* significa cidade e, por extensão, os habitantes da cidade.

O meio ambiente cultural, por seu turno é integrado pelo patrimônio histórico, artístico, arqueológico, paisagístico, turístico. No dizer de Cunha (2004, p. 79):

> Percebe-se que, além dos ecossistemas naturais, convivemos com obras e manifestações que, indo além do mero utilitarismo, expressam a criatividade e características de um povo, fazendo parte, portanto, de sua identidade, representando seu patrimônio cultural.

O meio ambiente cultural normalmente é natural ou artificial, mas com qualidades peculiares que lhe permitem ser assim classificado. Os dispositivos constitucionais protetores são o art. 23, III e IV, o art. 216, V, e o art. 225, *caput*.

Cabe salientar que a Constituição Federal de 1988 define o patrimônio cultural brasileiro, em seu art. 216, conferindo-lhe *status* de bem de natureza material e imaterial, tomados individualmente ou em conjunto, portadores de referência à identidade, à ação, à memória dos diferentes grupos formadores da sociedade brasileira, nos quais se incluem as formas de expressão; os modos de criar, fazer e viver; as criações científicas, artísticas e tecnológicas; as obras, objetos, documentos, edificações e demais espaços destinados às manifestações artístico-culturais; os conjuntos urbanos e sítios de valor histórico, paisagístico, artístico, arqueológico, paleontológico, ecológico e científico.

Conforme assevera o mestre Machado (2010, p. 981), o conceito de patrimônio cultural é adaptável às transformações sociais:

> O conceito constitucional de *patrimônio cultural* dado é dinâmico, caminha no tempo, unindo gerações. É uma noção ampla, e que poderíamos chamar de *patrimônio cultural social nacional*. É a expressão cultural, ainda que focalizada de forma isolada, que passa a ter repercussão num âmbito maior, que é a "sociedade brasileira" (art. 216 da CF).

Na legislação infraconstitucional destacam-se o Decreto-lei nº 25/37, que "organiza a proteção do patrimônio histórico e artístico nacional" (Boxe I.1), a Lei nº 3.924/61, que dispõe sobre os monumentos arqueológicos e pré-históricos, e a Lei nº 8.394/91.

O meio ambiente do trabalho, por sua vez, perfaz o meio no qual as pessoas desenvolvem suas atividades laborais, com vistas à salubridade física e psíquica dos trabalhadores. Note-se que o conceito extrapola as normas do direito trabalhista atrelado tão somente à relação empregador-empregado, oriunda de um contrato de trabalho, mas, de fato, relacionada à saúde, segurança e qualidade da atividade produtiva do trabalhador (Boxe I.2).

> **Boxe I.1**
>
> Assim, existe uma limitação ao direito de propriedade com influência direta no licenciamento ambiental (com restrições, condicionantes ou recomendações), em que os órgãos competentes – Instituto Patrimônio Histórico Artístico Nacional (Iphan, federal), e os Conselhos de Defesa do Patrimônio Histórico, Arqueológico, Artístico e Turístico estaduais e municipais implementam ações para resguardar o interesse coletivo na preservação do meio ambiente cultural, afastando-se o viés único do direito individual de propriedade.

> **Boxe I.2**
>
> O Superior Tribunal de Justiça também prestigia a proteção do meio ambiente do trabalho em um julgado cuja ementa passa-se a transcrever:
>
>> ACIDENTE NO TRABALHO. Direito comum. Culpa. Admitido pelo julgado recorrido que o ambiente de trabalho era de alta poluição, impõe-se reconhecer a responsabilidade da empregadora na causação do dano e o conseqüente dever de indenizar pela incapacidade parcial e permanente daí resultante, conforme afirmado no laudo. Recurso conhecido e provido. (Brasil. STJ, 4ª Turma, REsp 284279/RJ. Relator: Min. Ruy Rosado de Aguiar, j. em 15 jan. 2001. *DJU*, 2 abr. 2001, p. 301).

O meio ambiente do trabalho (urbano ou rural) insere-se no meio ambiente artificial ou construído, mas com tratamento especial. Os dispositivos constitucionais correlatos são o art. 7º, XXII, o art. 225, *caput*, e o art. 200, VIII.

Apresentam-se também, em sede doutrinária, três correntes explicativas das regras jurídicas de proteção dos bens ambientais e do ser humano: a antropocêntrica, a ecocêntrica e a antropocêntrica mitigada.

Segundo a linha antropocêntrica, o ser humano, para sua sobrevivência, depende da natureza. Vislumbra-se o sentido utilitário do meio ambiente. Para a corrente ecocêntrica, a tônica da corrente anterior inverte-se para a ecologia e natureza, ou seja, o fator predominante é a natureza em detrimento das necessidades de desenvolvimento econômico, cultural e laboral do homem (Boxe I.3). Consoante os fundamentos da corrente antropocêntrica mitigada, o homem e o meio ambiente devem ser valorados, com o escopo de atingir interação dentro do sistema global.

> **Boxe I.3**
>
> O Equador foi o primeiro país a reconhecer em sua Constituição, aprovada em 2008, um direito próprio da natureza (ou "Pacha Mama"), repudiando a corrente antropocêntrica. No seu preâmbulo, consta o seguinte: "Celebrando a natureza, a Pacha Mama, da qual somos parte e que é vital para a nossa existência". [No original: "CELEBRANDO a la naturaleza, la Pacha Mama, de la que somos parte y que es vital para nuestra existência". (Equador, 2008, p. 15, tradução da autora)].
> No capítulo sétimo (artigo 71 e seguintes), há um expresso reconhecimento dos direitos da natureza:
>
> > A natureza, ou Pacha Mama, onde a vida se realiza e se reproduz, tem direito de que sua existência seja plenamente respeitada e à manutenção e regeneração de seus ciclos vitais, estrutura, funções e processos evolutivos. [No original: "La naturaleza o Pacha Mama, donde se reproduce y realiza la vida, tiene derecho a que se respete integralmente su existencia y el mantenimiento y regeneración de sus ciclos vitales, estructura, funciones y procesos evolutivos". (Equador, 2008, p. 52, tradução da autora)].

Não há preponderância entre uma delas, mas a hegemonia da ponderação e da compatibilidade entre a proteção do bem ambiental e o progresso dos meios de desenvolvimento do ser humano. Nesse sentido, o ser humano faz uso dos recursos ambientais, mas com a tônica da racionalidade de sua preservação em seu favor e das futuras gerações. Note-se que os animais e os seres humanos têm muitos aspectos em comum, por exemplo, habitam o mesmo planeta e se utilizam dos recursos naturais para sua sobrevivência;

mas há uma grande diferença: o homem se utiliza dos recursos ambientais de forma irracional, os animais não.

Segundo Azevedo (2014, p. 31):

> O equilíbrio ecológico é, hoje, questão de vida ou morte, dadas as alterações que têm sido imprudentemente introduzidas no meio ambiente. Há necessidade premente de uma "ética da sobrevivência", na qual o antropocentrismo, que vem orientando a civilização ocidental há séculos, deve ceder o passo à compreensão de que a "natureza precede ao próprio ser humano".

Visto um breve panorama sobre o conceito, a classificação e as correntes sobre o meio ambiente e bens ambientais, pode-se afirmar ainda que ele consiste predominantemente num direito ou interesse da terceira geração por ser transindividual; ou seja, concretiza poderes de titularidade coletiva, atribuídos genericamente a todas as formações sociais, consagrado no princípio da fraternidade ou solidariedade. Segundo Domoulis e Martins (2007, p. 72), esses são os novos direitos coletivos.

O mais importante dos novos direitos ou os direitos de terceira geração, segundo Norberto Bobbio (1992, p. 6), "é o reivindicado pelos movimentos ecológicos: o direito de viver em ambiente não poluído".

Segundo o ministro do Supremo Tribunal Federal Celso de Mello,

> enquanto os direitos de primeira geração (direitos civis e políticos) – que compreendem as liberdades clássicas, negativas ou formais – realçam o princípio da liberdade e os direitos de segunda geração (direitos econômicos, sociais e culturais) – que se identificam com as liberdades positivas, reais ou concretas – acentuam o princípio da igualdade, os direitos de *terceira geração*, que materializam poderes de titularidade coletiva atribuídos genericamente a todas as formações sociais, consagram o princípio da solidariedade e constituem um momento importante no processo de desenvolvimento, expansão e reconhecimento dos direitos humanos, caracterizados enquanto valores fundamentais indisponíveis, pela nota de uma essencial inexauribilidade. (Brasil. Supremo Tribunal Federal. Pleno, v.u., MS 22.164/SP. Relator: Min. Celso de Mello, j. em 30 out. 95. *DJU*, 17 nov. 1995, p. 39.206, grifo nosso).

De acordo com Mazzilli (2001, p. 47), o meio ambiente é um interesse difuso tão abrangente que chega a coincidir com o interesse público (Boxe I.4).

> **Boxe I.4**
>
> Na lição de Lisboa (2000, p. 56-57), o interesse público consiste na "necessidade geral impessoal de toda a população, que não se confunde com o interesse do Estado necessariamente". Em complemento: "Vê-se, assim, que a expressão 'interesse público' invoca a presença do Estado-legislador, ou do Estado-administrador" (Mancuso, 1991, p. 25).

Além dos artigos constitucionais diretamente relacionados com a questão ambiental (a teor do art. 225), inclusive os referentes à classificação do meio ambiente natural, urbano, cultural e ambiental anteriormente mencionados, a Constituição Federal estabelece, em outros dispositivos, matérias relacionadas ao meio ambiente.

I.1.1 Meio ambiente como direito individual fundamental e o princípio da vedação do retrocesso

A Constituição Federal adota técnica moderna, apresentando seus princípios fundamentais no Título I, e, logo na sequência, inicia o Título II sobre os direitos e garantias fundamentais, oportunidade em que o meio ambiente é abordado. Em seu art. 5º, LXIII, nomeia a ação popular como garantidora da defesa do meio ambiente, conferindo ao cidadão legitimidade ativa para a proteção do bem fundamental.

Observa-se nesse ponto que o meio ambiente foi elevado à condição de cláusula pétrea, nos termos do art. 60, § 4º, IV da Constituição Federal, razão pela qual essa posição geográfica estabelecida pelo texto constitucional reforça o caráter de elevada proteção dos bens ambientais, não podendo ser diminuído ou suprimido.

Carlos Alberto Molinaro propugna que a norma deve garantir um mínimo existencial ecológico e, por isso, proíbe o retrocesso ambiental. Segundo esse autor:

> Num Estado Socioambiental e Democrático de Direito, o princípio nuclear tem sede no direito fundamental à vida e à manutenção das bases que a sustentam, o que só se pode dar num ambiente

equilibrado e saudável, onde vai concretizar-se, em sua plenitude, a dignidade humana; ademais, um tipo de Estado com esta característica está comprometido com o privilegiar a existência de um "mínimo ecológico", pois tem a obrigação de proteção à posterioridade. (Molinaro, 2007, p. 104).

Desse modo, a proteção do bem ambiental afigura-se como um direito fundamental de terceira geração (ou transindividual), submetendo-se ao princípio da vedação do retrocesso. Explique-se: consoante tal princípio, o nosso Estado de Direito não pode retroceder em relação às conquistas para a proteção de seus direitos fundamentais basilares. No dizer de Teixeira (2006, p. 122): "No sistema do direito ambiental brasileiro, o princípio da proibição guarda coerência com um dos objetivos deste ramo: melhorar a qualidade ambiental recuperando áreas degradadas e defender o meio ambiente ecologicamente equilibrado".

Assim é que a proibição do retrocesso defende as conquistas obtidas na seara ambiental, com supedâneo no estado democrático de direito, dignidade da pessoa humana e máxima efetividade dos direitos ambientais, que são fundamentais. Toma-se por exemplo de mácula a esse princípio o atual Código Florestal (Lei nº 12.651/12), em que, dentre outros retrocessos, foram alteradas as normas protetivas das áreas de preservação permanente (APP), diminuindo as incidências e o alcance de proteção. O referido princípio é afeto à formação de políticas públicas (elaboração de leis, planos, programas e projetos), bem como ao controle ambiental, no qual o licenciamento ambiental está inserido, porque, com vistas a ele, os critérios adotados nas análises de obras, empreendimentos ou atividades devem garantir uma evolução de parâmetros, exigências e restrições, de modo a não internalizar retrocessos na proteção do meio ambiente e na qualidade de vida do ser humano.

I.1.2 Meio ambiente no Município

O estudo do meio ambiente nas cidades, intitulado meio ambiente urbano, artificial ou construído, ganha relevo pelo fato de os indivíduos, em sua grande maioria, exercerem suas principais atividades nesse espaço (entre as quais se salientam a moradia, o trabalho e o lazer), decorrente do progressivo aumento de urbanização deste. A disciplina que versa diretamente a urbe é o Direito Urbanístico, e neste trabalho será enfatizada sua interface com o controle ambiental nas cidades.

Conforme definido por R. F. Oliveira (2005, p. 22), o Direito Urbanístico cuida do conjunto de princípios, normas e teorias a respeito das questões urbanas, de caráter diversificado, ou seja, do total de disposições normativas que incide sobre a cidade.

O Município é composto por diversas dominialidades, públicas e privadas. As propriedades públicas são diretamente direcionadas ao bem coletivo, exercendo suas diversas funções: de uso comum do povo (mares, rios, ruas, praças), de uso especial (afetas à instrumentalização dos serviços públicos – creches, escolas, repartições, maquinários e equipamentos) e dominial (sem afetação pública específica). As propriedades privadas também devem obedecer à ordem constitucional em vigor, segundo a qual o direito de propriedade deve ser exercido de forma a buscar a vantagem individualizada (Boxe I.5), mas sempre com vistas às melhores condições para a sociedade, inserido em um contexto de interesse geral, consoante a preservação do meio ambiente e sua orientação social (Constituição Federal, art. 5º, XXII, XIII, e art. 170, III). Dessa forma, a propriedade vai sofrer restrições por parte do Poder Público quando não estiver cumprindo sua função social (Constituição Federal, art. 5º XXII e XXIV, art. 182, § 2º, e art. 186).

> **Boxe I.5**
>
> Sob este enfoque específico, a Declaração dos Direitos do Homem e do Cidadão de 1789 estabelecia caráter absoluto da propriedade, ou seja, seu exercício estaria limitado apenas na medida em que se assegurassem aos demais indivíduos o exercício de seus direitos. Essa concepção absolutista foi superada gradativamente pela evolução
>
> > desde a aplicação da teoria do abuso de direito do sistema de limitações negativas e depois também de imposições positivas, deveres e ônus, até chegar-se à concepção da propriedade como função social. (Silva, 2004. p. 271).

Referidas restrições estão atualmente positivadas na legislação infraconstitucional no Código Civil (Lei nº 12.441/11, art. 1.228, § 1º), no Estatuto da Cidade (Lei nº 10.257/01, art. 39) e no Estatuto da Metrópole (Lei nº 13.089/15). Conforme o magistral entendimento do constitucionalista português Canotilho (1995, p. 10-11):

> A idéia de um direito de propriedade absoluto e ilimitado, fruto das concepções político-econômicas do liberalismo, tem vindo a descaracterizar-se pela acentuação do fim social daquele direito. [...] É a conscienciação do "ambiente" como valor a preservar, e, por isso, a defender que se foi derramado, aos poucos, por toda a malha do tecido jurídico-social, ao lado, por exemplo, dos interesses do consumidor e do patrimônio cultural.

Nesses termos, pode-se concluir que a função social da propriedade qualifica o direito de propriedade pela ordem constitucional em vigor. Também no escólio de Silva (2001, p. 14), o princípio da função social "transforma a propriedade capitalista, sem socializá-la". Assim, a propriedade, sem deixar de ser privada, socializou-se, o que significa que deve proporcionar à coletividade maior utilidade social.

Ainda como subprincípio da função social da propriedade, releva aduzir o da remissão ao Plano Diretor (Constituição Federal, art. 182, § 1º), já que o papel a ser desempenhado pela propriedade, em cada Município, há que ser delineado no referido plano urbanístico, que, aliado às políticas ambientais, pode ser traduzido em função socioambiental da propriedade e da cidade.

Nesse sentido, a Constituição de 1988 reforçou as competências municipais (Constituição Federal, art. 30) e, consequentemente, o papel do Plano Diretor (Boxe I.6) na definição da função socioambiental da propriedade urbana é preponderante, notadamente no momento em que se enfoca a vocação da urbe (Boxe I.7).

Boxe I.6

Afigura-se a seguir conceito doutrinário do Plano Diretor:

> O Plano Diretor está destinado a ser o instrumento pelo qual a Administração Pública Municipal, atendendo aos anseios da coletividade, finalmente poderá determinar quando, como e onde edificar, de maneira a melhor satisfazer ao interesse público, por razões estéticas, funcionais, econômicas, sociais, ambientais etc., em lugar do puro e simples apetite dos especuladores imobiliários. (Dallari, 2001, p. 19).

> **Boxe I.7**
>
> Assim é que o Estatuto da Cidade veio em um momento em que as cidades clamavam por respostas urbanísticas que o ordenamento jurídico em vigor não conseguia oferecer. O diploma legal em referência consagrou em seu bojo vários institutos que possibilitam a gestão ordenada e democrática da cidade, também elegendo, em seu art. 40, o Plano Diretor como ferramenta-mestra do sistema de planejamento e desenvolvimento urbano e rural.

Interessante, outrossim, a releitura formulada por Santilli (2005, p. 86) sobre a função socioambiental da propriedade, contemplando uma visão abrangente:

> Consideramos que a função socioambiental da propriedade é muito mais do que um princípio específico do Direito Ambiental: é um princípio orientador de todo o sistema constitucional que irradia os seus efeitos sobre diversos institutos jurídicos. A função socioambiental da propriedade permeia a proteção constitucional à cultura, ao meio ambiente, aos povos indígenas e aos quilombolas.

No escólio de Costa (2001, p. 13), o princípio da função social da propriedade significa "que, no plano ideal, a sociedade deve extrair benefícios do exercício desse direito".

Visando ordenar o pleno desenvolvimento das funções socioambientais da cidade, destacam-se as seguintes diretrizes de interface com o meio ambiente (Lei nº 10.257/01, art. 2º):

> I – garantia do direito a cidades sustentáveis, entendido como o direito à terra urbana, à moradia, ao saneamento ambiental, à infra-estrutura urbana, ao transporte e aos serviços públicos, ao trabalho e ao lazer, para as presentes e futuras gerações;
> II – gestão democrática por meio da participação da população e de associações representativas dos vários segmentos da comunidade na formulação, execução e acompanhamento de planos, programas e projetos de desenvolvimento urbano; [...]

IV – planejamento do desenvolvimento das cidades, da distribuição espacial da população e das atividades econômicas do Município e do território sob sua área de influência, de modo a evitar e corrigir as distorções do crescimento urbano e seus efeitos negativos sobre o meio ambiente;
V – oferta de equipamentos urbanos e comunitários, transporte e serviços públicos adequados aos interesses e necessidades da população e às características locais;
VI – ordenação e controle do uso do solo, de forma a evitar: [...]
f) a deterioração das áreas urbanizadas;
g) a poluição e a degradação ambiental;
VII – integração e complementaridade entre as atividades urbanas e rurais, tendo em vista o desenvolvimento socioeconômico do Município e do território sob sua área de influência;
VIII – adoção de padrões de produção e consumo de bens e serviços e de expansão urbana compatíveis com os limites da sustentabilidade ambiental, social e econômica do Município e do território sob sua área de influência; [...]
XIII – audiência do Poder Público municipal e da população interessada nos processos de implantação de empreendimentos ou atividades com efeitos potencialmente negativos sobre o meio ambiente natural ou construído, o conforto ou a segurança da população; [...]

A importância das diretrizes urbanísticas e ambientais, sejam as destacadas do próprio Estatuto da Cidade, sejam as advindas de outras fontes normativas, consiste no fato de moldarem a interpretação da legislação sobre as cidades que possuem estreita interface com o processo de licenciamento ambiental ou urbanístico.

Nessa linha, Farias e Correia (2014, p. 73) afirmam:

> Não é possível conceber um instrumento de gestão ambiental que não seja também um instrumento de gestão urbana, quando se tratar de uma atividade que gere ou que possa gerar impactos sobre o meio ambiente artificial. Nesse sentido, o licenciamento ambiental deve procurar articular a política ambiental com a política urbana ao exigir a aplicação da legislação urbanística e ao fiscalizar a implementação dos instrumentos dessa política.

Também é importante dizer que o urbano e o rural não se contrapõem, mas sim fazem parte do todo que é o território municipal, consubstanciando-se o que se pode definir como uma cidade sustentável, ou seja, que equilibradamente saiba ocupar os espaços de forma otimizada e inteligente, preservando suas atividades agrícolas e espaços naturais que oferecem serviços (inclusive os ambientais) à urbe.

Nesse contexto, não é somente a área inserta no perímetro urbano que deve cumprir a função social da propriedade, mas também as glebas rurais (Constituição Federal, art. 186). O Direito que protege o meio ambiente de todas as formas de agressão é também direcionado para proteger o meio em que se vive, em que se exercem atividades sociais e laborais. A atividade agrícola, na qualidade de propulsora da economia de nosso país, também tem papel fundamental quando da preservação dos recursos ambientais inseridos nas áreas rurais. A passos largos caminha a Lei Maior no sentido de explicitar a dimensão ambiental ou ecológica que as atividades desenvolvidas nos imóveis rurais devem alcançar (Boxe I.8).

> **Boxe I.8**
>
> O conceito de imóvel rural extrai-se do art. 4º do Estatuto da Terra (Lei nº 6.404/64) e dos arts. 29 e 32 do Código Tributário Nacional (Lei nº 5.172/66).

Não é outro o conceito de cidade sustentável, disciplinado na Carta Rio+10 (Boxe I.9), documento em que se proferiu a seguinte diretriz:

> A importância atual da crise da cidade, no plano social, ambiental e democrático, não pode ser superada sem a eliminação da pobreza, dos modos de produção e consumo e das práticas urbanas não sustentáveis. Para que a cidade seja sustentável, é preciso: (i) a repartição harmônica da população tanto no espaço urbano como rural; Conservar o meio ambiente urbano e rural é, por via de consequência, zelar pelo natural também, uma vez que aquele faz parte desse.

Nesse diapasão, assevera Marques (2005, p. 52): "Cuidar do meio artificial é cuidar, também, do ambiente natural, pois este sofre as consequências da degradação ambiental".

> **Boxe I.9**
>
> Essa carta foi o resultado do Seminário Internacional Direito Ambiental Rio+10, promovido pela Escola Superior do Ministério Público da União e pelo Centro Internacional de Direito Comparado do Meio Ambiente, com apoio da Sociedade Brasileira de Direito do Meio Ambiente, ocorrido na cidade do Rio de Janeiro em abril de 2006.

I.2 A Política Nacional de Meio Ambiente e os instrumentos de gestão ambiental

Em face dos empecilhos que a legislação precedente não expurgava, procurou o legislador da década de 1980 abrir novos caminhos a uma tutela mais adequada do meio ambiente. Promulgou-se, então, a Lei nº 6.938/81, que institui a Política Nacional do Meio Ambiente (art. 1º), com visível influência da norma norte-americana National Environmental Protection Act (1969), que propugna por agências governamentais com o fim de assegurar mecanismos eficientes para a proteção ambiental, e da Conferência das Nações Unidas sobre o Meio Ambiente Humano, realizada em Estocolmo em 1972.

Assim é que a referida lei trouxe em seu art. 2º princípios ambientais relevantes, posteriormente recepcionados pela Constituição Federal de 1988, expressa ou implicitamente.

Conforme preceitua o inciso I do art. 2º, a proteção do bem ambiental norteia as políticas públicas, desde que a visão não seja meramente biocêntrica ou antropocêntrica, mas unindo a preservação dos bens ambientais e a qualidade de vida do ser humano. No tocante ao seu inciso II, este se direciona ao manejo sustentável dos recursos naturais (água, ar, solo etc.), o que, segundo a normativa constitucional vigente, significa qualidade de vida, desenvolvimento humano e interesse social. Assim é que, em seu art. 3º, a lei, primando por um sentido didático, oferta alguns conceitos legais, a saber: meio ambiente, degradação da qualidade ambiental, poluição, poluidor e recursos ambientais.

Os instrumentos de gestão ambiental que concientizam os princípios e objetivos da Política Nacional de Meio Ambiente constam de ser art. 9º. São eles os padrões de qualidade ambiental, o zoneamento ambiental, os incentivos à produção e instalação de equipamentos e à criação ou absorção de tecnologia, voltados para a melhoria da qualidade ambiental, a criação de reservas e estações ecológicas, áreas de proteção ambiental e as de relevante interesse ecológico, pelos Poderes Públicos Federal, Estadual e Municipal, o Sistema Nacional de Informações sobre o Meio Ambiente (Sinima), as penalidades disciplinares ou compensatórias ao não cumprimento das medidas necessárias à preservação ou correção da degradação ambiental, a instituição do Relatório de Qualidade do Meio Ambiente, a ser divulgado anualmente pelo Instituto Brasileiro do Meio Ambiente e Recursos Naturais Renováveis (Ibama), a garantia da prestação de informações relativas ao meio ambiente, obrigando-se o Poder Público a produzi-las quando inexistentes, o cadastro técnico federal de atividades potencialmente poluidoras e/ou utilizadoras dos recursos ambientais, os instrumentos econômicos (como concessão florestal, servidão ambiental, seguro ambiental e outros) e o foco desta obra – o licenciamento ambiental, a cargo dos entes federativos que compõem o Sistema Nacional de Meio Ambiente (Sisnama).

Então, desde 1981, o licenciamento ambiental, um dos, senão o mais importante instrumento de gestão constante da Política Nacional de Meio Ambiente, espraia-se ao âmbito nacional (art. 9º, inciso IV), que será explicitado no Cap. 1.

1 Conceitos, competências e princípios envolvidos no licenciamento ambiental

Tem-se historicamente o berço do licenciamento ambiental brasileiro nos Estados do Rio de Janeiro, por meio do Decreto-lei nº 134/75, e de São Paulo, com a edição da Lei nº 997/76.

Na Constituição Federal de 1988 não se afigura uma menção expressa ou literal ao licenciamento ambiental, mas delineiam-se seus fundamentos ao estabelecer que todos "têm direito ao meio ambiente ecologicamente equilibrado", sendo dever do Poder Público, com vistas a assegurá-lo, "exigir, na forma da lei, para instalação de obra ou atividade potencialmente causadora de significativa degradação do meio ambiente, estudo prévio de impacto ambiental, a que se dará publicidade" (art. 225, *caput* e § 1º, IV). Na legislação infraconstitucional, assim como a Lei nº 6.938/81 estabeleceu o licenciamento ambiental como instrumento de gestão, a Lei Complementar nº 140/11 confere os conceitos e distribui as competências entre os entes da Federação (União, Estados, Distrito Federal e Municípios).

1.1 Conceito e finalidade do licenciamento ambiental

O licenciamento ambiental é um procedimento, ou seja, é composto por atos encadeados visando a um fim, corolário da atuação estatal, no regular exercício do poder de polícia, o qual é exercido exclusivamente pelo Poder Executivo, com base na regra da reserva da administração (Boxe 1.1).

> **Boxe 1.1 Jurisprudência de interesse**
> O Supremo Tribunal Federal já afastou norma do ordenamento jurídico que conferia ao Poder Legislativo analisar o Relatório de Impacto Ambiental (Rima), consubstanciada no art. 187 da Constituição do Espírito Santo. (Brasil. Supremo Tribunal Federal. Pleno, v.u., ADI 1505/ES. Relator: Min. Eros Grau, j. em 24 nov. 2004. *DJU*, 4 mar. 2005, p. 10).

A Lei Complementar nº 140/11 confere o seguinte conceito legal:

> Art. 2º. Para os fins desta Lei Complementar, consideram-se:
> I – licenciamento ambiental: o procedimento administrativo destinado a licenciar atividades ou empreendimentos utilizadores de recursos ambientais, efetiva ou potencialmente poluidores ou capazes, sob qualquer forma, de causar degradação ambiental; [...].

Trata-se, portanto, de serviço público, prestado pelo Estado e seus agentes – nesse sentido, adotando-se o caráter objetivo de serviço público (Carvalho Filho, 2007, p. 279) –, tendo por base a supremacia do interesse público sobre o particular, remunerado mediante taxa, conforme art. 145, II, da Constituição Federal e art. 78 do Código Tributário Nacional, uma vez que decorre do poder de polícia estatal.

Mas por que há necessidade de se dar azo a tal procedimento administrativo ambiental? Justamente pela escassez, qualidade intrínseca dos recursos ambientais. Procura-se aliar o desenvolvimento à proteção do meio ambiente em todas as suas formas, com vistas ao desenvolvimento sustentável, conjugando-se, dessa forma, o art. 225 com o art. 170, IV, da Constituição Federal.

Assim, o licenciamento ambiental visa garantir que as medidas eminentemente preventivas e de controle adotadas em uma obra, empreendimento ou atividade sejam compatíveis com o desenvolvimento sustentável, garantindo, desse modo, a preservação da qualidade ambiental e, no caso do licenciamento ambiental municipal, aduz-se o olhar local, onde as pessoas vivem, labutam e convivem.

Aqui também se insere o caráter pedagógico do processo de licenciamento ambiental, em que os estudos ambientais realizados fazem com que os interlocutores do sistema apreciem a intervenção antrópica no meio ambiente natural, cultural e urbano.

O licenciamento ambiental pode indicar a inviabilidade ou viabilidade da obra, atividade ou empreendimento. A viabilidade, em regra, é acompanhada de condicionantes, em que se inserem as medidas mitigadoras e compensatórias pelo impacto ambiental. Todavia, na prática, a inviabilidade é o último e remoto caminho, uma vez que o desenvolvimento social, econômico e humano da sociedade é o norte nacional e internacional, com supedâneo no princípio do desenvolvimento sustentável, em que se alia e integra essa equação à conservação ou preservação dos recursos ambientais. Assim é o pensar de Fink, Hamilton e Dawalibi (2002, p. VII):

> O licenciamento ambiental, como prática do poder de polícia administrativa, não deve ser considerado como obstáculo teimoso ao desenvolvimento, porque este também é um ditame natural e anterior a qualquer legislação, chegando mesmo a ser um imperativo bíblico e religioso. O que está em jogo é a supremacia do interesse público sobre o individual, preceito inscrito em tantas culturas e civilizações, e dele está fortemente impregnado o direito em todas as suas ramificações.

Fazem parte do licenciamento ambiental a Avaliação de Impacto Ambiental, a exemplo do Estudo de Impacto Ambiental (EIA) e o Relatório de Impacto Ambiental (Rima), o Relatório de Ausência de Impacto Ambiental Significativo (Raias), a licença ambiental propriamente dita, que integra a Política Nacional do Meio Ambiente, conforme consta da Lei 6.938/81, art. 9º, III e IV, e demais estudos ambientais constantes da legislação ambiental vigente.

As licenças e autorizações ambientais devem seguir o princípio da legalidade, insculpido no art. 37, *caput*, da Constituição Federal, ou seja, ser instituídas por meio de lei, ou, como observa Paulo Affonso Leme Machado, tais atos administrativos "só podem ser criados por lei ou a lei deverá prever a sua instituição por outro meio infralegal" (Machado, 2010, p. 287-288), tendo-se como exemplo mais comum os decretos. Assim, a tipificação do licenciamento ambiental pode se dar por meio de lei e seus procedimentos explicitados em regulamentação subsequente (decretos, resoluções, entre outros atos normativos, consoante art. 59 da Constituição Federal).

1.2 Competência dos entes federativos para o licenciamento ambiental

A repartição de competência origina-se do princípio federativo, que consiste em uma forma de Estado, denominado Estado Federal ou Federação, caracterizada pela união dos Estados-membros, dotados de autonomia política constitucional.

A autonomia dos entes federados espraia-se em dois elementos essenciais: existência de órgãos governamentais próprios e posse de competências exclusivas.

O critério de repartição de competência é o princípio da predominância do interesse do ente federativo, e, na seara ambiental, segue-se essa linha, mas sem deixar de apontar os conflitos históricos de competência, conforme assevera Yoshida (2008, p. 33):

> No sistema federativo brasileiro a tutela ambiental é, em regra, compartilhada entre os níveis federativos através do *sistema de competência legislativa concorrente* (CF, art. 22, III, VI e VII) e do *sistema de competência administrativa comum* (CF, art. 23, III, VI e VII), com reduzido espaço para competência privativa, sendo inevitáveis conflitos federativos, institucionais e ambientais apreciados por um *sistema de jurisdição estadual e federal*.

A competência em matéria de licenciamento ambiental é legislativa ou administrativa (ou material).

1.2.1 Competência legislativa

A competência para produzir normas é repartida entre os entes federativos, tendo a União competência privativa disposta no art. 22 da Constituição Federal, com possibilidade de delegação, nos termos do seu parágrafo único que autoriza os Estados, mediante lei complementar, a legislar sobre as matérias arroladas em seu *caput*.

> Art. 22. Compete privativamente à união legislar sobre: [...] IV – águas, energia, informática, telecomunicações e radiodifusão; [...] XXVI – atividades nucleares de qualquer natureza; [...] Parágrafo único. Lei complementar poderá autorizar os Estados a legislar sobre questões específicas das matérias relacionadas neste artigo.

O meio ambiente também está previsto na Lei Maior como sendo de competência legislativa da União, dos Estados e do Distrito Federal, de forma *concorrente* (art. 24) (Boxe 1.2), e, para atender às peculiaridades próprias, os Estados poderão exercer a competência legislativa *plena*, desde que não exista lei federal sobre normas gerais (Constituição Federal, art. 24, § 3º).

Essa competência suplementar, entretanto, sofre dupla limitação qualitativa e temporal: a norma estadual não pode exorbitar da peculiaridade ou do interesse próprio do Estado e terá que se ajustar ao disposto em norma federal ambiental superveniente. Frise-se que, neste último caso (superveniência de norma federal), a lei estadual que disciplina matéria de forma plena ficará suspensa, isto é, somente não terá aplicabilidade naquele momento de vigência da norma federal. (Constituição Federal, art. 24, § 4º). Da mesma forma, em sendo a norma federal superveniente à estadual revogada, a lei estadual passará a ter eficácia plena (Boxe 1.3).

> Boxe 1.2 **Jurisprudência de interesse**
> Brasil. Supremo Tribunal Federal. Pleno, ADI 3338/DF. Relator: Min. Joaquim Barbosa, j. em 31 ago. 2005. *DJU*, 6 set. 2007, p. 36.
> Brasil. Supremo Tribunal Federal. 3ª Seção, CC 88.013/SC. Relator: Min. Napoleão Maia Nunes Filho, j. em 27 fev. 2008. *DJU*, 10 mar. 2008, p. 1.

> Boxe 1.3
> Tomam-se na legislação ambiental dois exemplos da aplicação da competência concorrente suplementar pelo Estado de São Paulo. O primeiro refere-se a recursos hídricos, pois a Lei Estadual nº 7.663/91 (Política Estadual de Recursos Hídricos) antecedeu a legislação federal (Lei nº 9.433/97 – Política Nacional de Recursos Hídricos); o segundo exemplo relaciona-se com resíduos sólidos, eis que a Lei Estadual nº 12.300/06 (Política Estadual de Resíduos Sólidos) também precedeu a Lei Federal nº 12.305/10 (Política Nacional de Resíduos Sólidos), o que configurou, em ambos os casos, um lapso temporal de inércia do legislador federal e, por conseguinte, o exercício da competência suplementar pelo Estado Bandeirante sobre o tema, até a superveniência da lei federal.

Os Municípios, dentro do interesse local, possuem competência *residual*, nos moldes do art. 30, II, da Constituição Federal. Esse artigo compete aos Municípios: "[...] II – suplementar a legislação federal e a estadual no que couber". Note-se que os Municípios, adotados como entes federativos, com supedâneo nos arts. 1º e 18 da Constituição Federal, receberam autonomia, possuindo competências exclusiva (art. 30) e organização política própria para a consecução de seus objetivos (art. 29) (Boxe 1.4).

Boxe 1.4 **Jurisprudência de interesse**
Nesse sentido, o Supremo Tribunal Federal decidiu que o Município é competente para legislar sobre o meio ambiente, com a União e o Estado membro, no limite do seu interesse local e desde que esse regramento seja harmônico com a disciplina estabelecida pelos demais entes federados (art. 24, VI, c/c o art. 30, I e II). Esse entendimento deu-se em sede de recurso extraordinário para declarar a inconstitucionalidade da Lei nº 1.952/95 do Município de Paulínia (SP), que veicula a proibição, sob qualquer forma, do emprego de fogo para fins de limpeza e preparo do solo no referido Município, inclusive para o preparo do plantio e para a colheita de cana-de-açúcar e de outras culturas (Brasil. Supremo Tribunal Federal. RE 586224/SP. Relator: Min. Luiz Fux, j. em 5 mar. 2015). Na mesma toada, o Superior Tribunal de Justiça assim decidiu, com destaque ao seguinte trecho de seu acórdão: a teor do disposto nos arts. 24 e 30 da Constituição Federal, atestou a legitimidade do Município para atuar na defesa de sua competência constitucional, editando normas de proteção ao meio ambiente, com destaque ao seguinte trecho:

> aos Municípios, no âmbito do exercício da competência legislativa, cumpre a observância das normas editadas pela União e pelos Estados, como as referentes à proteção das paisagens naturais notáveis e ao meio ambiente, não podendo contrariá-las, mas tão somente legislar em circunstâncias remanescentes. (Brasil. Superior Tribunal de Justiça. AR 756/PR. Relator: Min. Teori Albino Zavascki. 1ª Seção, j. em 27 fev. 2008. *DJe*, 14 abr. 2008).

Na mesma linha:

> EMBARGOS À EXECUÇÃO – COMPETÊNCIA MUNICIPAL PARA LEGISLAR SOBRE PROTEÇÃO AO MEIO AMBIENTE. Com arrimo na Constituição Federal, arts. 23, VI, e 30, I e II, é competente o Município para legislar sobre proteção do meio ambiente, nos limites de sua territorialidade, para atender situações de interesse local. (Minas Gerais. Tribunal de Justiça de Minas Gerais, 4ª C. Cív., E.I. 1.0000.00.138453-6/01. Relator: Des. Corrêa de Marins, j. em 21 out. 1999. *DJe*, 18 nov. 1999).

Como bem observado em recente acórdão do Superior Tribunal de Justiça,

> a competência do Município em matéria ambiental, como em tudo mais, fica limitada às atividades e obras de 'interesse local' e cujos impactos na biota sejam também estritamente locais. A autoridade municipal que avoca a si o poder de licenciar, com exclusividade, aquilo que, pelo texto constitucional, é obrigação também do Estado e até da União, atrai contra si a responsabilidade civil, penal, bem como por improbidade administrativa pelos excessos que pratica. (Brasil. Superior Tribunal de Justiça. 2ª Turma, AgRg no Ag 973577-SP. Relator: Min. Rel. Mauro Campbell Marques, j. em 16 set. 2008. *DJe,* 19 dez. 2009).

A matéria está disciplinada no art. 6º, § 2º da Lei nº 6.938/81, que subordina a legislação municipal sobre o meio ambiente aos preceitos contidos nas leis federais e estaduais existentes (conferir, por exemplo, o seguinte julgado: Brasil. Superior Tribunal de Justiça. 2ª Turma, REsp 195617/PR. Relator: Min. Franciulli Netto, j. em 16 abr. 2002. *DJU,* 1º jul. 2002, p. 278). Nesse ponto, é bom anotar que a competência suplementar não pode suplantar as normas afetas aos demais entes federativos (Boxe 1.5).

Boxe 1.5 **Jurisprudência de interesse**
Nesse toar, o Superior Tribunal de Justiça:

> CONSTITUCIONAL. MEIO AMBIENTE. LEGISLAÇÃO MUNICIPAL SUPLETIVA. POSSIBILIDADE. ATRIBUINDO, A CONSTITUIÇÃO FEDERAL, A COMPETÊNCIA COMUM A UNIÃO, AOS ESTADOS E AOS MUNICÍPIOS PARA PROTEGER O MEIO AMBIENTE E COMBATER A POLUIÇÃO EM QUALQUER DE SUAS FORMAS, CABE, AOS MUNICÍPIOS, LEGISLAR SUPLETIVAMENTE SOBRE A PROTEÇÃO AMBIENTAL, NA ESFERA DO INTERESSE ESTRITAMENTE LOCAL. A LEGISLAÇÃO MUNICIPAL, CONTUDO, DEVE SE CONSTRINGIR A ATENDER AS CARACTERÍSTICAS PRÓPRIAS DO TERRITÓRIO EM QUE AS QUESTÕES AMBIENTAIS, POR SUAS PARTICULARIDADES, NÃO CONTEM COM O DISCIPLINAMENTO CONSIGNADO NA LEI FEDE-

> RAL OU ESTADUAL. A LEGISLAÇÃO SUPLETIVA, COMO E CEDIÇO, NÃO PODE INEFICACIZAR OS EFEITOS DA LEI QUE PRETENDE SUPLEMENTAR. (Brasil. Superior Tribunal de Justiça. 1ª Turma, REsp 29299/RS. Relator: Min. Demócrito Reinaldo, j. em 28 set. 1994. *DJ*, 17 out. 1994, p. 27861). Julgados no mesmo sentido: Brasil. Superior Tribunal de Justiça. 1ª Turma, v.u., RMS 22885/DF. Relator: Min. Francisco Falcão, j. em 18 dez. 2007. *DJe*, 17 abr. 2008.

Outro interessante ponto a ser destacado perfaz no fato de o Município, assim como os Estados e o Distrito Federal, dentro de sua competência suplementar, poder editar normas mais restritivas em sua atividade legiferante do que a União, isto é, com norte de maior proteção do bem ambiental. Podemos definir um exemplo das limitações ambientais do Código Florestal no que se refere às áreas de preservação permanente (APPs), em que, por exemplo, a metragem do rio de 0 m a 10 m deve conter uma APP de 30 m. Essa norma é geral, valendo para todo o território nacional, mas não impede que os Estados (em nível regional) e os Municípios (em nível local) estabeleçam uma metragem mais restritiva, a fim de garantir maior proteção ao recurso hídrico, à flora, à fauna, à paisagem e a outros valores que sustentam a necessidade de estabelecer uma limitação mais abrangente para aquela região ou localidade específica.

Além da competência suplementar (art. 22, parágrafo único) e concorrente (art. 24), a Lei Fundamental versa sobre a competência legislativa exclusiva do Estado em seu art. 25, § 1º.

Confere a Lei Fundamental aos Estados a matéria remanescente, observando-se, contudo, que os tais entes federativos têm competência material para agir administrativamente, mesmo nos casos em que a legislação tenha sido editada pela União ou por Municípios.

Além disso, insere-se em normas gerais sobre meio ambiente o conteúdo dos acordos, tratados ou convenções internacionais já ratificados, depositados e promulgados pelo Brasil, guardando evidentemente fidelidade à Constituição em vigor.

Destaca-se como órgão mais atuante na produção de normas em nível nacional o Conselho Nacional de Meio Ambiente (Conama), que editou diversas normas materiais e procedimentais, com destaque à Resolução Conama nº 01/86, que define os conceitos de impacto ambiental (EIA) e seu relatório (Rima); e à Resolução Conama nº 237/97, que estabelece os procedimentos de licenciamento ambiental; bem como à Resolução Conama nº 428/10, que, entre outras medidas, determina a relação do licenciamento e os órgãos gestores de Unidades de Conservação (UC). As normas editadas pelo Conama são aplicáveis aos diversos órgãos integrantes do Sistema Nacional do Meio Ambiente (Sisnama), com supedâneo no art. 6º, II da Lei nº 6.938/81.

1.2.2 Competência administrativa

A competência administrativa ou material atribui a uma esfera de poder o direito de controlar, licenciar e fiscalizar, bem como impor sanções em caso de descumprimento da legislação (Boxe 1.6).

Boxe 1.6 Jurisprudência de interesse

Federação: competência comum: proteção do patrimônio comum, incluído o dos sítios de valor arqueológico (CF, arts. 23, III, e 216, V): encargo que não comporta demissão unilateral. 1. L. est. 11.380, de 1999, do Estado do Rio Grande do Sul, confere aos Municípios em que se localizam a proteção, a guarda e a responsabilidade pelos sítios arqueológicos e seus acervos, no Estado, o que vale por excluir, a propósito de tais bens do patrimônio cultural brasileiro (CF, art. 216, V), o dever de proteção e guarda e a consequente responsabilidade não apenas do Estado, mas também da própria União, incluídas na competência comum dos entes da Federação, que substantiva incumbência de natureza qualificadamente irrenunciável. 2. A inclusão de determinada função administrativa no âmbito da competência comum não impõe que cada tarefa compreendida no seu domínio, por menos expressiva que seja, haja de ser objeto de ações simultâneas das três entidades federativas: donde, a previsão, no parágrafo único do art. 23 CF, de lei complementar que fixe normas de cooperação (v. sobre monumentos arqueológicos e pré-históricos, a L. 3.924/61), cuja edição, porém, é da competência da União e, de qualquer modo, não abrange o poder de demitirem-se a União ou os Estados dos encargos constitucionais de proteção dos bens de valor arqueológico para descarregá-los ilimitadamente sobre os Municípios. 3. Ação direta de inconstitucionalidade julgada procedente. (Brasil. Supremo Tribunal Federal. Pleno, v.u., ADI 2544/RS. Relator: Min. Sepúlveda Pertence, j. em 28 jun. 2006. *DJU*, 17 nov. 2006, p. 47).

Inicia-se pela competência exclusiva da União, para a proteção do meio ambiente em todas as suas formas, nos termos do art. 21 da Constituição Federal. Exclusiva, nesse caso, significa a reserva de competência a uma entidade com exclusão das demais, não havendo nem possibilidade de delegá-la, como ocorre com a competência privativa (art. 22, parágrafo único da Constituição Federal).

Como competência *comum* para a União, os Estados, o Distrito Federal e os Municípios estão previstos a proteção do meio ambiente e o combate à poluição em quaisquer de suas formas, conforme estatui o art. 23 da Magna Carta.

No dispositivo constitucional citado, a Lei Maior estabelece as atividades que merecem a atenção do Poder Público, e o modo como cada entidade vai efetivamente atuar em cada matéria dependerá da organização administrativa de cada órgão público. A referida competência é comum, executiva e implementadora para controle, fiscalização, monitoramento e licenciamento. Note-se que a competência comum é atribuída a todos os entes federados em pé de igualdade, que a exercem sem excluir os outros, porquanto a referida competência é cumulativa. A Lei Maior, em seu art. 23, VI, atribui competência material comum para proteger o meio ambiente, na qual está inserida a incumbência administrativa do controle ambiental, retratada no licenciamento e na fiscalização ambiental. Tais atividades de controle ambiental convergem na mobilização de seus órgãos nos três níveis de governo: federal, estadual ou municipal.

Com o advento da Lei Complementar nº 140/11, que regulamenta o citado art. 23 da Constituição Federal ao tratar da cooperação entre União, Estados e Municípios nas ações administrativas decorrentes do licenciamento ambiental, foi estabelecida a competência legal de cada ente licenciador, oportunidade em que se visou preencher uma histórica lacuna de 23 anos quanto à repartição de competências em matéria administrativa ou material dos entes federativos, entre elas, a de licenciar. As tipologias de atividades cujo licenciamento ambiental é de competência da União estão disciplinadas na referida Lei Complementar, em seu art. 7º, regulamentada pelo Decreto nº 8.437/15. As tipologias de competência do Estado estão disciplinadas na mesma Lei Complementar, em seu art. 8º.

Segundo Farias (2013b, p. 50):

> O que é levado em conta no licenciamento é o impacto ambiental direto, que é resultante de uma simples relação de causa e efeito,

visto que a apuração do impacto indireto, que é o resultante de uma reação secundária em relação à ação ou é parte de uma cadeia de reações, tornou-se praticamente impossível nos tempos atuais. É o impacto ambiental direto que a Resolução nº 237/97 do Conama escolheu nos arts. 4º, 5º e 6º como critério de repartição de competência licenciatória pelo menos em grande parte das situações, sistemática também em grande parte adotada pela Lei Complementar nº 140/2011.

A respeito da eventual inconstitucionalidade da Lei Complementar nº 140/11, tramita no Supremo Tribunal Federal a Ação Direta de Inconstitucionalidade (ADI) nº 4757, ingressada pela Associação Nacional dos Servidores da Carreira de Especialista em Meio Ambiente (Asibama), cuja principal insurgência é o isolamento, a limitação e a segregação das competências ambientais. Não obstante essa celeuma, historicamente as polêmicas doutrinárias se circunscreviam a respeito da constitucionalidade da Resolução Conama nº 237/97, que regula os procedimentos do licenciamento ambiental, uma vez que a Constituição Federal de 1988 determina que as normas de cooperação são estabelecidas por meio de Lei Complementar, e não por ato infralegal.

1.2.3 Competência para o licenciamento ambiental municipal

Antes da regulamentação do art. 23 pela Lei Complementar nº 140/11, o principal debate jurídico pairava sobre a competência do Município para o licenciamento ambiental. Os que se apegavam à descrição literal da Lei nº 6.938/81 afastavam o Município do rol licenciatório por falta de previsão legal. Os intérpretes que vislumbravam o texto constitucional como parâmetro de interpretação normativa advogavam que a estrutura nacional do licenciamento ambiental tinha tríplice competência: União, Estados e Municípios.

A despeito da Lei nº 6.938/81 e independentemente da Resolução Conama nº 237/97, os Municípios tinham competência para o licenciamento ambiental tendo em vista o teor dos art. 23 e art. 225 da Carta Magna, já que é nesse diploma que o critério para a repartição de competência administrativa comum em matéria ambiental deve ser procurado (Farias, 2006, p. 264-265).

A Lei Complementar nº 140/11 sufragou a primeira corrente ao estabelecer, no art. 9º, XIV, a competência municipal nos seguintes termos:

> Art. 9º [...]
>
> XIV – observadas as atribuições dos demais entes federativos previstas nesta Lei Complementar, promover o licenciamento ambiental das atividades ou empreendimentos:
>
> a) que causem ou possam causar impacto ambiental de âmbito local, conforme tipologia definida pelos respectivos Conselhos Estaduais de Meio Ambiente, considerados os critérios de porte, potencial poluidor e natureza da atividade; ou
>
> b) localizados em unidades de conservação instituídas pelo Município, exceto em Áreas de Proteção Ambiental (APAs).

Não obstante o avanço normativo que o texto legal carreou à gestão ambiental, a alínea *a* do dispositivo citado apresenta uma hipótese visivelmente inconstitucional, ferindo o pacto federativo e o princípio da autonomia municipal protegida pelo inciso I do art. 30 da Constituição Federal. Eis que não compete, no entendimento da autora, ao conselho estadual (Boxe 1.7), órgão colegiado, vinculado ao Poder Executivo Estadual, definir tipologia de impacto ambiental, invadindo o exercício da competência ambiental municipal e promovendo insegurança à atuação dos entes municipais. Assim são as observações de Farias (2013b, p. 116-117):

> O problema é que a repartição dessa modalidade de competência foi delegada aos Conselhos Estaduais de Meio Ambiente, de maneira que ainda prevalece a indefinição. [...] Entretanto, na prática a competência administrativa ambiental municipal foi jogada para os Governos Estaduais, que poderão concentrar ou descentralizar um número maior ou menor de atribuições conforme os interesses do governador de plantão, o que pode gerar ainda mais insegurança jurídica.

Boxe 1.7

O conselho estadual não é membro do Poder Legislativo, órgão cuja função precípua é editar normas jurídicas. Ademais, aqui fica claro que os Conselhos Estaduais de Meio Ambiente são aparelhados e compostos, comumente, pela maioria de integrantes do próprio Governo Estadual, o que afasta ainda mais a isonomia ou imparcialidade de suas decisões. Um bom exemplo da interferência estatal em um Conselho de Meio Ambiente é o Conselho Estadual de Meio Ambiente do Estado de São Paulo (Consema), cuja presidência é privativa do Secretário de Estado do Meio Ambiente e com integrantes das agências ambientais subordinadas à Secretaria, conforme se verifica do teor da Lei nº 13.507/09, que, em seu art. 7º, estatui que o citado Conselho possui 36 membros e seus respectivos suplentes, com a seguinte composição – 17 representantes de órgãos e entidades governamentais e 18 representantes de entidades não governamentais, sendo seis eleitos por entidades ambientalistas. Assim, com a Presidência pertencente ao alto escalão do Poder Executivo Estadual, há paridade de representação e, no caso de empate na votação, a Presidência tem a prerrogativa do voto de qualidade (art. 7º, V, do seu Regimento Interno, aprovado pela Deliberação Consema nº 05/2010).

Salutarmente, os Municípios, como membros do Sisnama, podem assumir e se capacitar para o licenciamento ambiental, mesmo antes da Lei Complementar nº 140/11 (Boxe 1.8).

> **Boxe 1.8**
>
> Constituem o Sisnama os órgãos e entidades da União, dos Estados, do Distrito Federal, dos territórios e dos Municípios, bem como as fundações instituídas pelo Poder Público, responsáveis pela proteção e melhoria da qualidade ambiental (Lei nº 6.938/81, art. 6º, *caput*).

Para tanto, a redação do art. 15 da Lei Complementar nº 140/11 exige apenas um órgão ambiental capacitado e conselho de meio ambiente para que os Municípios assumam a capacidade de licenciamento ambiental de obras, empreendimentos e atividades de interesse local. Se não a exercer, restará ao Estado e União tal incumbência:

> Art. 15. Os entes federativos devem atuar em caráter supletivo nas ações administrativas de licenciamento e na autorização ambiental, nas seguintes hipóteses:
> [...]

> II – inexistindo órgão ambiental capacitado ou conselho de meio ambiente no Município, o Estado deve desempenhar as ações administrativas municipais até a sua criação; e
>
> III – inexistindo órgão ambiental capacitado ou conselho de meio ambiente no Estado e no Município, a União deve desempenhar as ações administrativas até a sua criação em um daqueles entes federativos.

Anteriormente, o critério adotado era o da predominância de interesse, conforme o art. 6º da Resolução Conama nº 237/97. Observe-se que, à época, para tal mister o Município deveria: implementar Conselho de Meio Ambiente, com caráter deliberativo e participação social e possuir em seus quadros ou à sua disposição profissionais legalmente habilitados (art. 20 da mesma resolução).

Além disso, a Lei Complementar nº 140/11 permite, em seu art. 5º, a possibilidade de os Municípios licenciarem atividades de impacto supramunicipal, mediante convênio:

> Art. 5º. O ente federativo poderá delegar, mediante convênio, a execução de ações administrativas a ele atribuídas nesta Lei Complementar, desde que o ente destinatário da delegação disponha de órgão ambiental capacitado a executar as ações administrativas a serem delegadas e de conselho de meio ambiente. [...]
> Parágrafo único. Considera-se órgão ambiental capacitado, para os efeitos do disposto no *caput*, aquele que possui técnicos próprios ou em consórcio, devidamente habilitados e em número compatível com a demanda das ações administrativas a serem delegadas.

Esse dispositivo permite que Municípios que apresentem capacidade administrativa e técnica possam licenciar atividades, obras e empreendimentos a cargo do Estado e da União, o que significa, em muitos casos, desafogamento dos órgãos ambientais desses entes federativos, bem como possibilidade de análise de impactos com maior participação da comunidade local, especialmente por meio dos conselhos municipais de meio ambiente.

Nessa linha, cabe aqui transcrever o que alude Humbert (2011): "O exercício de competência pelos Municípios para concessão de licenças ambientais é a regra e não a exceção. Deve ser estimulada, jamais restringida. É o que impõe a Carta Magna em seus arts. 30, 182 e 225".

1.3 Princípios ambientais relacionados

Conforme explica Celso Antônio Bandeira de Mello, princípio jurídico "é o mandamento nuclear de um sistema" (Mello, 2001), razão pela qual vale ressaltar o critério diferenciador entre as regras e os princípios trazido pelo ilustre constitucionalista português Canotilho (1999, p. 1087-1088):

> Em primeiro lugar, os princípios são normas jurídicas impositivas de uma optimização, compatíveis com vários graus de concretização, consoante os condicionalismos fácticos e jurídicos; as regras são normas que prescrevem imperativamente uma exigência (impõem, permitem ou proíbem) que é ou não é cumprida (nos termos de Dworkin: *applicable in all-or-nothing fashion*); a convivência dos princípios é conflitual (Zagrebelsky), a convivência de regras é antinômica; os princípios coexistem, as regras antinômicas excluem-se. Consequentemente, os princípios, ao constituírem exigências de optimização, permitem o balanceamento de valores e interesses (não obedecem, como as regras, à "lógica do tudo ou nada"), consoante o seu peso e a ponderação de outros princípios eventualmente conflitantes; as regras não deixam espaço para qualquer outra solução, pois se uma regra vale (tem validade) deve cumprir-se na exacta medida das suas prescrições, nem mais nem menos. [...] em caso de conflito entre princípios, estes podem ser objeto de ponderação, de harmonização, pois eles contêm apenas "exigências" ou "*standards*" que, em "primeira linha" (*prima facie*), devem ser realizados; as regras contêm "fixações normativas" definitivas, sendo insuscetível a validade simultânea de regras contraditórias. Realça-se também que os princípios suscitam problemas de validade e peso (importância, ponderação, valia); as regras colocam apenas questões de validade (se elas não são correctas devem ser alteradas).

Entende Tupiassu (2003, p. 163) que:

> os princípios ambientais encontram-se, pois, no ordenamento jurídico pátrio, com a função de orientar a atuação do legislador e dos poderes públicos na concretização e cristalização dos valores sociais relativos ao meio ambiente, harmonizando as normas do ordena-

mento ambiental, direcionando a sua interpretação e aplicação, e ressaltando, definitivamente, a autonomia do direito ambiental.

Nesta oportunidade, daremos ênfase aos princípios do Direito Ambiental que se relacionam ao licenciamento ambiental.

1.3.1 Princípio do ambiente ecologicamente equilibrado como direito fundamental da pessoa humana

A terminologia desse *standard* surgiu em 1972, na Conferência das Nações Unidas sobre o Meio Ambiente Humano, em Estocolmo (Princípios 1 e 13), com frequente citação na Declaração do Rio sobre Meio Ambiente e Desenvolvimento – ECO-92 (Princípios 1, 3 e 4 – desenvolvimento sustentável) e seguido pela Carta da Terra de 1997 – Fórum Rio + 5 (Princípio 4).

Perfaz, então, o direito intergerações, ou seja, parte-se da premissa de que o desenvolvimento é necessário, todavia não a qualquer preço, sendo imprescindível a manutenção do meio ambiente para presentes e futuras gerações, o que denomina-se desenvolvimento sustentável.

1.3.2 Princípio da natureza pública da proteção ambiental

O meio ambiente é um valor a ser assegurado e protegido para uso de todos ou fruição humana coletiva. Pode-se encontrar a positivação desse princípio implicitamente em nível constitucional (Constituição Federal, art. 225, *caput*) e infraconstitucional, na legislação ordinária (Lei nº 6.938/81, art. 2º, I).

Segundo esse princípio, há que se observar uma ordem pública ambiental, o que justifica certos limites impostos pelo Estado à propriedade (UCs, APPs, por exemplo). No momento em que a Constituição Federal elege o meio ambiente como bem pertencente a todos, extrai-se sua natureza pública, principalmente porque o Estado, juntamente com a coletividade, tem o dever precípuo de protegê-lo para as presentes e futuras gerações (Boxe 1.9).

1.3.3 Princípio da consideração da variável ambiental no processo decisório de políticas de desenvolvimento

A consagração desse princípio ocorreu com a constitucionalização do EIA (art. 225, § 1º, IV), cujo escopo consiste em afirmar que os processos de desenvolvimento, notadamente os que utilizam recursos naturais, devem compor em suas agendas o item ambiental (Boxe 1.10). Tal determinação abarca, inclusive, o planejamento orçamentário de um empreendimento ou serviço. Em sede internacional, esse princípio consta do Princípio 17 da Declaração do Rio de Janeiro de 1992, resultante da Conferência das Nações Unidas sobre o Meio Ambiente e Desenvolvimento (Eco-92).

> **Boxe 1.9 Comentários complementares**
>
> Cabe aqui apontar um trecho do documento histórico e famoso em todo o mundo – a carta do cacique americano Noah Sealth, da tribo Duwamish, conhecido como "Chefe Seattle", em resposta à oferta de compra de terras indígenas ao então Presidente dos Estados Unidos da América, Franklin Pierce, em 1854:
>
>> Isto sabemos: a terra não pertence ao homem; o homem pertence à terra. Isto sabemos: todas as coisas estão ligadas como o sangue que une uma família. Há uma ligação em tudo. O que ocorrer com a terra recairá sobre os filhos da terra. O homem não tramou o tecido da vida; ele é simplesmente um de seus fios. Tudo o que fizer ao tecido, fará a si mesmo.
>
> O texto foi distribuído pela ONU (Programa para o Meio Ambiente) e tem sido considerado uma das mais belas e profundas lições a respeito da defesa do meio ambiente, merecedora de cultivo de todos (a presente e as futuras gerações).

> **Boxe 1.10 Jurisprudência de interesse**
>
> É importante repisar o emblemático acórdão do Supremo Tribunal Federal em que se afirma peremptoriamente que "a atividade econômica não pode ser exercida em desarmonia com os princípios destinados a tornar efetiva a proteção ao meio ambiente" (Brasil. Supremo Tribunal Federal. Pleno, v.u., ADI 3540/MC. Relator: Min. Celso de Mello, j. em 1º set. 2005. *DJU*, 3 fev. 2006, p. 14).

1.3.4 Princípio do controle do poluidor pelo Poder Público

Reflete-se no exercício do poder de polícia administrativa do Estado, ou seja, em sua função de limitar o exercício dos direitos individuais visando assegurar o bem-estar da coletividade e a proteção dos bens ambientais, bem como para a composição com os agentes poluidores no intuito de, se não eliminar, suprimir o máximo possível dos impactos da obra, empreendimento ou serviço que se quer realizar. Sua sede constitucional se extrai do art. 225, § 1º, V.

A Lei nº 6.938/81, em seu art. 3º, estabelece o seguinte conceito legal de poluição como a degradação da qualidade ambiental resultante de atividades que direta ou indiretamente:

> a) prejudiquem a saúde, a segurança e o bem-estar da população;
> b) criem condições adversas às atividades sociais e econômicas;
> c) afetem desfavoravelmente a biota;
> d) afetem as condições estéticas ou sanitárias do meio ambiente; e
> e) lancem matérias ou energia em desacordo com os padrões ambientais estabelecidos.

Também o Código Civil Brasileiro dispõe sobre a poluição na oportunidade em que aborda os direitos do proprietário de usar, gozar e dispor da coisa, ao estabelecer que o direito de propriedade deve ser exercido em consonância "com as suas finalidades econômicas e sociais e de modo que sejam preservados, de conformidade com o estabelecido em lei especial, a flora, a fauna, as belezas naturais, o equilíbrio ecológico e o patrimônio histórico e artístico, bem como evitada a poluição do ar e das águas" (Lei 10.406/02, art. 1.228, § 1º). Para a doutrina, poluição seria: "toda alteração das propriedades naturais do meio ambiente, causada por agente de qualquer espécie, prejudicial à saúde, à segurança ou ao bem-estar da população sujeita aos seus efeitos" (Meirelles, 1996, p. 174).

1.3.5 Princípio da prevenção

É, portanto, a atuação antecipada para evitar danos, que, em regra, são irreversíveis, mas previsíveis pelo atual estado da técnica. Esse princípio procura evitar que o dano ambiental ocorra, por meio de mecanismos judiciais e extrajudiciais.

Um instrumental legal que demonstra a aplicação do referido princípio é o Licenciamento Ambiental e seus estudos decorrentes, a exemplo do EIA.

Desse modo, a margem de perigo ambiental deve ser aniquilada ou, ao menos, limitada ao máximo, razão pela qual se faz inexorável o EIA e o respectivo relatório nas atividades potencialmente lesivas, não se podendo conformar com a mera reparação.

1.3.6 Princípio da precaução

Será observado o princípio da precaução toda vez que houver incerteza científica se determinado ato pode prejudicar os bens ambientais ou o ser humano. Visa, assim, minimizar os riscos, deles protegendo o meio ambiente, reduzindo a extensão ou incerteza do dano. Aplica-se, então, o brocardo in dubio pro natura (Vieira, 2007).

Freitas (2006, p. 47) correlaciona o princípio da precaução com os princípios da motivação e da proporcionalidade:

> O princípio constitucional da precaução encontra o seu melhor esclarecimento na fina conexão com os princípios da motivação e da proporcionalidade, deonticamente estruturados de ordem a determinar, sob pena de vício grave, que o Estado atue, antecipatoriamente, na salvaguarda do ambiente saudável e propiciador do bem-estar, a longo prazo.

Sua primeira referência em sede internacional deu-se no preâmbulo da Convenção de Viena de 1985, em que a tônica era a preocupação com a agressão à camada de ozônio. Posteriormente, o Princípio 15 da declaração do Rio de Janeiro, de 1992, manifesta a seguinte injunção:

> Com o fim de proteger o meio ambiente, o princípio da precaução deverá ser amplamente observado pelos Estados, de acordo com suas capacidades. Quando houver ameaça de danos graves ou irreversíveis, a ausência de certeza científica absoluta não será utilizada como razão para o adiamento de medidas economicamente viáveis para prevenir a degradação ambiental. (Brasil, 1992).

A Carta da Terra de 1997, em seu princípio 2, também estabelece que:

> importa-se com a terra, protegendo e restaurando a diversidade, a integridade, a beleza dos ecossistemas do planeta. Onde há risco de dano irreversível ou sério ao meio ambiente, deve ser tomada uma ação de precaução para prevenir prejuízos. (Brasil, 1997b).

Segundo Fink (2005, p. 740-741), o princípio da precaução caracteriza-se por afirmar dois preceitos:

> ausência de conhecimento tecnológico não será empecilho para a realização de empreendimentos, uma vez que sejam adotadas medidas assecuratórias eficazes e capazes de gerenciar os riscos; [...] se essas medidas não forem eficazes e capazes de evitar os impactos negativos, por precaução, o empreendimento não deverá ser realizado.

O que diferencia o princípio da prevenção do princípio da precaução é que naquele se procura evitar o dano conhecido; neste, evita-se a atividade ou empreendimento por falta de certeza científica.

Um exemplo atual da observância do mencionado princípio é a discussão sobre os Organismos Geneticamente Modificados (OGMs), disciplinado pela Lei nº 11.105/05. Lembre-se, neste ponto, de que o Brasil adota o Protocolo de Cartagena sobre Biossegurança, firmado no âmbito da Convenção sobre Diversidade Biológica, que exige identificação nos carregamentos internacionais de alimentos contendo OGM. O documento internacional foi promulgado pelo Decreto nº 5.705/06. Sobre esse assunto, conferir Antunes (2007).

Outro exemplo é relativo aos campos eletromagnéticos ocasionados por estações radiobase de telefonia celular, uma vez que configura hipótese de risco potencial, nos termos da Resolução Conama nº 303/07. Nesse diapasão:

> A invocação do princípio da precaução é uma decisão a ser tomada quando a informação científica é insuficiente, inconclusiva ou incerta e haja indicações de que os possíveis efeitos sobre o meio ambiente, a saúde das pessoas ou dos animais ou a proteção vegetal possam ser potencialmente perigosos e incompatíveis com o nível de proteção escolhido. (Milaré; Setzer, 2003, p. 22).

1.3.7 Princípio da proporcionalidade

O referido princípio encontra suas bases nos direitos fundamentais, indicando o equilíbrio entre o sacrifício imposto ao interesse de alguns (particular ou corporativo) e a vantagem geral obtida (coletiva), de modo a não tornar excessivamente onerosa a prestação. Aqui, refuta-

-se o excesso, com aplicação direta do poder de polícia ambiental, ou seja, na limitação do poder de liberdade e propriedade do particular em prol da coletividade. Conforme afirma Martins (2007, p. 127):

> A sadia qualidade de vida deve ser o leme a ser observado na sustentabilidade do desenvolvimento, aplicando-se ao caso concreto sempre a decisão que minimize os efeitos danosos ao meio ambiente, buscando no princípio da proporcionalidade a segurança necessária para o atendimento do interesse da coletividade.

Na jurisprudência, tem-se como exemplo emblemático de aplicação da proporcionalidade os casos de crueldade com animais, como a farra do boi (Brasil. Supremo Tribunal Federal. 2ª Turma, v.u. RE 153.531/SC. Relator: Min. Francisco Rezek, j. em 3 jun. 1997. *DJU*, 13 mar. 1998, p. 388.), com referência expressa à razoabilidade, e dos rituais afros que sacrificam animais, por meio do qual se trouxe a lume os arts. 216 e 225, § 1º, VII, todos da Lei Maior (Rio Grande do Sul. Tribunal de Justiça do Rio Grande do Sul. Pleno, ADI 70010129690. Relator: Des. Araken de Assis, j. em 18 abr. 2005).

1.3.8 Princípio da informação

Pode-se conceituar comunicação social nas palavras de Costa e Alves (2002, p. 502) como:

> o conjunto de meios de que dispõe um País, ou uma região, para o transporte e distribuição de idéias, notícias e informações. As comunicações se manifestam, atualmente, pelas mais diferentes formas e meios. Começou com as informações orais e passou, com o tempo, para a imprensa escrita, através dos jornais. Depois, no século XIX, veio o telégrafo e o telefone. Já no século XX, apareceu o rádio, a televisão e, agora, no seu final a *internet*.

Os comandos constitucionais afetos ao tema são os incisos XIV e XXXIII do art. 5º, reafirmados no trato da comunicação social, no art. 220, § 3º, II, e no art. 221 (Boxe 1.11).

Tem-se no Brasil, em nível infraconstitucional, três exemplos apropriados. O primeiro está positivado no art. 9º, VII, e no art. 6º, § 3º da Lei nº 6.938/81, quando se institui o Sistema Nacional de Informações sobre o Meio Ambiente (Sinima) (Decreto nº 99.274/90) e determina o fornecimento dos resultados das análises efetuadas e sua fundamentação, quando solicitados por pessoa legitimamente interessada. O segundo perfaz na Lei nº 10.650/03, que regulamentou o acesso à informação de interesse ambiental, estabelecendo definições, procedimentos e prazos nos órgãos e entidades integrantes do Sisnama, instituído pela Lei nº 6.938/81. Também cabe fazer menção à Lei nº 12.52/11 (Lei de Acesso à Informação), com um escopo mais amplo de acesso a todas as informações produzidas por órgãos público.

> **Boxe 1.11**
>
> Vários diplomas internacionais prestigiaram o princípio da informação: a Declaração Universal dos Direitos Humanos, da Assembleia Geral das Nações Unidas, de 10 dez. 1948 (art. 19); a Declaração de Estocolmo, fruto da Conferência das Nações Unidas sobre o Meio Ambiente Humano em 1972 (princípios 19 e 20 – Conferência..., 1972), e a Declaração do Rio, em 1992, resultante da Conferência das Nações Unidas sobre o Meio Ambiente e o Desenvolvimento (princípios 10, 18 e 19 – Brasil, 1992).

O acesso à informação é indispensável também para a educação ambiental, inclusive com a troca de informações entre os entes federativos, entre estes e os cidadãos. Dado à estreiteza nas concepções, Fiorillo (2003, p. 39-40) o coloca como subprincípio do princípio da participação.

A informação propicia o controle e a participação da sociedade nos processos de licenciamento ambiental, seja por meio da Lei de Acesso à Informação, seja por meio dos Conselhos de Meio Ambiente, audiências públicas e tutelas jurídicas (direito de petição, ação popular, ação civil pública).

Cabe ao Estado, portanto, repassar todas as informações acerca do meio ambiente e da forma de sua preservação.

Não obstante a produção legislativa mencionada, a verdade é que o Estado de Direito ainda padece de um câncer – a sofisticação da linguagem institucional, notadamente a do Direito. Como observa Barros (2007, p. 173): "A lei escrita para a população é um dado de pura abstração, inteiramente dissociado da realidade na qual imersa essa maioria".

Nesse rumo, a comunidade jurídica e científica que estuda, pesquisa e produz ações relacionadas ao meio ambiente tem um trabalho de grande relevância: a simplificação de sua linguagem, justamente para se fazer entender e plantar sementes em todas as camadas sociais, para o fomento da participação nas decisões sobre o seu *habitat*, bem como a tomada de ações de participação, controle e fiscalização dos entes particulares e públicos na condução de suas atividades em respeito ao meio ambiente. Com o mesmo toar, Barros (2007, p. 181) frisa que:

> uma das tarefas mais importantes da democracia moderna é promover o direito à informação nas áreas onde reina a escuridão. Quanto mais instituições tradicionalmente fechadas se tornarem transparentes, mais a democracia avança e se consolida.

1.3.9 Princípio da educação ambiental

A educação ambiental ganha várias vertentes: processo de mudança, formação de valores, preparo para o exercício da cidadania; mas também pode constituir fator de transformação ética, com justiça social e democracia (Phillippi Jr.; Alves, 2005).

Gomes (1999, p. 16) aloca o conceito de educação ambiental com *status* de princípio constitucional de proteção ao meio ambiente. Fiorillo (2003), por sua vez, coloca o referido princípio, assim como o da informação, como subprincípio do princípio da participação.

As questões ambientais, mormente as formas de preservação, devem ser estudadas por crianças e adultos, em todos os níveis de ensino, formal e informal, inclusive primando por sua conscientização, com o apoio e incentivo estatal.

Também com *status* de princípio ambiental internacional, nos termos do § 19 da Declaração de Estocolmo de 1972, realizada na Suécia, propugna pela democratização do conhecimento, a solidariedade da informação demonstradas por meio de linguagem simples e amplo acesso (a exemplo da imprensa falada e escrita, sites e material impresso disponível à comunidade) permitindo-se a concretização do objetivo maior de nossa sociedade – a preservação do meio ambiente para as presentes e futuras gerações. Na lição de Alvarenga (2005, p. 32):

> realmente as pessoas informadas melhor poderão adequar e ajustar ambientalmente as suas condutas às práticas cotidianas de

proteção e conservação do patrimônio ecológico. Afinal, é preciso conhecer para proteger!

No direito pátrio, a educação ambiental está positivada na Lei Fundamental (art. 225, § 1º, VI) e na Lei nº 9.795/07 (regulamentada pelo Decreto nº 4.281/02).

No panorama internacional, destacam-se a Carta de Belgrado – de 1975, advinda do Seminário Internacional sobre Educação Ambiental em Belgrado (Iugoslávia), que defende uma educação ambiental democrática e humanista – e a Conferência Intergovernamental de Tbilisi (capital da Geórgia, República Soviética), realizada entre 14 e 26 de outubro de 1977, que versou sobre a educação ambiental com o viés de consciência ambiental de caráter multidisciplinar, sob promoção da Unesco e do Programa das Nações Unidas para o Meio Ambiente (Pnuma). Resume sabiamente Canepa (2004, p. 158) que:

> a educação ambiental é a ferramenta mestra para que seja criada, em todos os níveis, uma consciência ambiental e, com isso, um desenvolvimento sustentável, no qual, ao mesmo tempo que se promove o crescimento econômico, preservar-se-ão os recursos ambientais para que as gerações futuras também possam deles usufruir.

Observe-se o informe final da Conferência de Tbilisi:

> A educação ambiental é parte integrante do processo educativo. Deve girar em torno de problemas concretos e ter um caráter interdisciplinar. Sua tendência é reforçar o sentido dos valores, contribuir para o bem-estar geral e preocupar-se com a sobrevivência da espécie humana. Deve, ainda, aproveitar o essencial da força da iniciativa dos alunos e de seu empenho na ação, bem como inspirar-se nas preocupações tanto imediatas quanto futuras. (Brasil, 1997a, p. 33).

1.3.10 Princípio da participação comunitária

Consiste na atuação popular na preservação ambiental, seja administrativamente, seja judicialmente.

O Princípio 10 da Declaração do Rio de Janeiro de 1992 reza que:

> a melhor maneira de tratar questões ambientais é assegurar a participação, no nível apropriado, de todos os cidadãos interessados. No nível nacional, cada indivíduo terá acesso adequado às informações relativas ao meio ambiente de que disponham as autoridades públicas, inclusive informações sobre materiais e atividades perigosas em suas comunidades, bem como a oportunidade de participar de processos decisórios. Os Estados irão facilitar e estimular a conscientização e a participação popular, colocando as informações à disposição de todos. Será proporcionado acesso efetivo a mecanismos judiciais e administrativos, inclusive no que se refere à compensação e reparação de danos. (Brasil, 1992).

Segundo G. H. J. Oliveira (2005, p. 1264):

> a participação administrativa caracteriza-se como um dos mais importantes temas relacionados ao *direito administrativo prospectivo*, ramo jurídico que se encontra em constante evolução, sobretudo para fazer frente às relações e interseções contemporâneas mantidas pelo Estado, Administração Pública e sociedade civil.

O meio ambiente equilibrado é um direito de todos, o que implica, ao mesmo tempo, um dever de preservação não somente do Estado, mas de toda a sociedade.

No Brasil, o princípio consta da Constituição Federal, em seu art. 1º e implicitamente no art. 225, *caput*. Segundo Milaré (2007, p. 185),

> o planejamento e o gerenciamento do meio ambiente são, assim, compartilhados entre Poder Público e sociedade, já que o meio ambiente, como fonte de recursos para o desenvolvimento da humanidade, é, por suposto, uma das expressões máximas do "bem comum".

O referido autor ainda cita outros dispositivos que abarcam o princípio da participação comunitária: art. 5º, XIV, XXXIII, XXXIV, LXXI, art. 129, III e § 1º, art. 200, art. 225, § 1º, VI etc.

No licenciamento ambiental, o princípio em comento se faz presente nos processos de audiência pública, no bojo do processo de licenciamento ambiental de obras e empreendimentos (Lei nº 6.938/81, art. 2º, X; Resolução Conama nº 237/97, art. 14, e Resolução Conama nº 09/87), nas participações dos conselhos municipais no controle de pedidos de licenciamento ambiental, o que se dá, no licenciamento ambiental na fase preliminar, com a análise do pedido de licença ambiental prévia (LP). Outros exemplos de aplicação do princípio são a gestão de recursos hídricos pelo Comitê de Bacias Hidrográficas, que dispõe sobre a Política Nacional dos Recursos Hídricos (Lei 9.433/97, art. 37), e consulta pública para a criação de UCs, e audiências sobre planos de manejo de UCs (Lei 9.985/00, arts. 22 e 27).

Nessa linha, pertinente à crítica de Banunas (2003, p. 55):

> Diversas são as formas de participação, no entanto algumas experiências vêm demonstrando que é necessária a qualificação para que não seja a coletividade excluída de seu processo. Um exemplo de respeito ao princípio da participação está relacionado com as audiências públicas, as quais, contudo, quando lamentavelmente manipuladas, podem gerar efeito contrário ao interesse da coletividade, principalmente quando conduzidas com alto grau de informações técnicas, o que deixa a coletividade totalmente excluída de participação.

Salienta Castro (2006, p. 28): "O fenômeno da proteção ambiental está muito mais próximo das pessoas que dos governos, de forma que ninguém mais que o povo, em geral, tem possibilidades de colaborar na fiscalização de atividades poluidoras"; arremata Souza (2003, p. 2015) que:

> para que se alcance o objetivo da participação popular na política ambiental, não se pode deixar de pontuar a necessidade de construção e amadurecimento de uma cidadania ambiental, onde se possam implementar os direitos à educação e conscientização ambiental de que trata o art. 225, § 1º, inc. VI, da Constituição Federal, o que se faz imprescindível para a assunção dessa nova responsabilidade social por parte dos diversos setores sociais coobrigados à defesa e proteção do direito ao meio ambiente sadio.

Em nível internacional, a Declaração do Rio sobre Meio Ambiente e Desenvolvimento (Eco-92) trouxe a participação comunitária no seu princípio 10:

> A melhor maneira de tratar as questões ambientais é assegurar a participação, no nível apropriado, de todos os cidadãos interessados. No nível nacional, cada indivíduo terá acesso adequado às informações relativas ao meio ambiente de que disponham as autoridades públicas, inclusive informações acerca de materiais e atividades perigosas em suas comunidades, bem como a oportunidade de participar dos processos decisórios. Os Estados irão facilitar e estimular a conscientização e a participação popular, colocando as informações à disposição de todos. Será proporcionado o acesso efetivo a mecanismos judiciais e administrativos, inclusive no que se refere à compensação e reparação de danos. (Brasil, 1992).

Também cabe aduzir que a Constituição Federal do Brasil, intitulada como "cidadã", adota o regime da democracia participativa, com base no princípio da soberania popular, no Estado democrático de direito, conferindo maior força política aos órgãos colegiados formados por populares e/ou sociedade civil, esculpindo a participação já no seu artigo inaugural: "Art. 1º - Todo poder emana do povo, que o exerce por meio de representantes eleitos, ou diretamente, nos termos desta Constituição". Contempla, também, a ótica da democracia participativa, institutos de democracia direta ou semidireta como o plebiscito, o referendo, a iniciativa popular de lei, a ação popular, o tribunal do júri e os conselhos, ampliando as possibilidades de participação direta da comunidade nas decisões estatais.

Segundo G. H. J. Oliveira (2005, p. 1264),

> a participação administrativa caracteriza-se como um dos mais importantes temas relacionados ao direito administrativo prospectivo, ramo jurídico que se encontra em constante evolução, sobretudo para fazer frente às relações e interseções contemporâneas mantidas pelo Estado, Administração Pública e sociedade civil.

Para finalizar, traz-se a lume a pontual alusão sobre a importância do princípio da participação comunitária, destacada por Fernandes (1998, p. 51-52):

> A incorporação da função social das cidades como preceito que deve balizar a política do desenvolvimento urbano, à luz do desenvolvimento sustentável, aponta para a possibilidade de sairmos do marco apenas da crítica e denúncia do quadro de desigualdade social, a passarmos para a construção de uma nova ética urbana, onde os valores ambientais e culturais se sobreponham no estabelecimento de novas cláusulas dos contratos sociais originários de novos paradigmas da gestão pública, mediante práticas da cidadania que reconheçam e incorporem os setores da sociedade excluídos de seus direitos e necessidades básicas.

Dessa forma, podemos afirmar que os princípios da informação, educação ambiental e participação comunitária são o tripé para a construção de uma sociedade mais justa, que alia a tecnicidade das decisões à vontade do povo, tornando o processo de licenciamento ambiental, decisório que é, mais arejado não somente com uma visão estritamente técnica e institucional, mas com a participação da sociedade na definição de seus limites e impactos ambientais.

1.4 Objeto de licenciamento ambiental

A Resolução Conama nº 237/97 regulamenta um rol abrangente de atividades e empreendimentos sujeitos ao licenciamento ambiental, em seu art. 2º, § 1º, e no Anexo 1:

- extração e tratamento de minerais;
- indústria de produtos minerais não metálicos;
- indústria metalúrgica;
- indústria mecânica;
- indústria de material elétrico, eletrônico e comunicações;
- indústria de material de transporte;
- indústria de madeira;
- indústria de papel e celulose;
- indústria de borracha;
- indústria de couros e peles;

- indústria química;
- indústria de produtos de matéria plástica;
- indústria têxtil, de vestuário, calçados e artefatos de tecidos;
- indústria de produtos alimentares e bebidas;
- indústria de fumo;
- indústrias diversas;
- obras civis;
- serviços de utilidade;
- transporte, terminais e depósitos;
- turismo;
- atividades diversas;
- atividades agropecuárias;
- uso de recursos naturais.

Trata-se de rol exemplificativo (Farias, 2013b, p. 44), podendo os entes federativos, dentro dos parâmetros estabelecidos na Lei Complementar nº 140/11, arts. 7º, 8º e 9º, incluir ou suprimir tipologias no interesse de proteção do meio ambiente e qualidade de vida em níveis federal, estadual ou municipal.

Estão incluídas aqui também as ampliações de instalações de atividades potencial ou efetivamente poluidoras, não obstante a omissão literal do art. 10 da Lei nº 6.938/81. Segundo Farias (2013b, p. 51-52), até uma simples reforma deve ser comunicada ao órgão ambiental, já que em determinadas situações ela pode gerar impacto ambiental.

2 Modalidades de licença e fases do licenciamento

2.1 Licença ambiental e suas modalidades

A licença ambiental é um dos instrumentos de controle prévio do meio ambiente previstos na Política Nacional do Meio Ambiente e encontra guarida no art. 10 da Lei nº 6.938/81 e na Resolução Conama nº 237/97. Nesse sentido, vale a pena conferir a nova redação dada ao art. 10 da Política Nacional de Meio Ambiente, pela Lei Complementar nº 140/11:

> Art. 10. A construção, instalação, ampliação e funcionamento de estabelecimentos e atividades utilizadores de recursos ambientais, efetiva ou potencialmente poluidores ou capazes, sob qualquer forma, de causar degradação ambiental dependerão de prévio licenciamento ambiental.

Em sendo o licenciamento ambiental um procedimento, a licença é o ato final produzido em cada etapa do processo administrativo, nos termos do art. 1º da Resolução Conama nº 237/97. Conforme afirma Araújo (2013, p. 113):

> Não é possível o ato (licença), sem a precedência do procedimento (licenciamento). Assim, a Licença Ambiental será o resultado final do Licenciamento, manifestando a conclusão da avaliação do órgão ambiental competente sobre o atendimento das normas ambientais que permitem a localização, a instalação e a operação dos empreendimentos capazes de causar qualquer forma de degradação ambiental.

É a licença que confere ao interessado o direito de empreender ou exercer sua atividade. Na lição de Farias (2013b, p. 27):

Assim, a licença é uma espécie de outorga com prazo de validade concedida pela Administração Pública para a realização das atividades humanas que possam gerar impactos sobre o meio ambiente, desde que sejam obedecidas determinadas regras, condições, restrições e medidas de controle ambiental. Ao receber a licença, o empreendedor assume os compromissos para a manutenção da qualidade ambiental da área de influência do local em que pretende se instalar e operar.

A licença ambiental não coincide inteiramente com a definição doutrinária de licença, que seria o ato administrativo vinculado e definitivo pelo qual o Poder Público, verificando que o interessado atendeu a todas as exigências legais, faculta-lhe o desempenho de atividades ou a realização de fatos materiais, pois o art. 9º da Lei nº 6.938/81 prevê o licenciamento e a revisão de atividades efetiva ou potencialmente poluidoras. Logo, não é definitiva.

Para parte da doutrina, a licença será uma autorização, que é ato discricionário e precário (Rosa, 2009, p. 104) (Boxe 2.1). Mas, na realidade, o que deve ser entendido é que a licença tem prazo de validade, i.e., é conferida por prazo determinado e somente após esse prazo poderá sofrer revisão. Durante o prazo de validade, haverá acompanhamento e monitoramento dos impactos ambientais, e a inobservância das regras estabelecidas no documento ambiental implicará a revogação da mesma.

BOXE 2.1

Nessa linha, extrai-se a seguinte ementa do Tribunal de Justiça do Paraná em sede de ação civil de improbidade administrativa:

> DIREITO ADMINISTRATIVO E AMBIENTAL. LICENÇA AMBIENTAL. DISCRICIONARIEDADE DO ÓRGÃO AMBIENTAL PARA EXIGIR ESTUDO DE IMPACTO AMBIENTAL. OBSERVÂNCIA DO DESENVOLVIMENTO SUSTENTÁVEL E DA PRESERVAÇÃO DO MEIO AMBIENTE.
> a) O Agravante sustenta que o órgão ambiental competente (Instituto Ambiental do Paraná) não possui discricionariedade para exigir ou não estudo de impacto ambiental na concessão de licença ambiental em obras de duplicação da BR 277.

> b) Todavia, extrai-se das normas ambientais, em sede de cognição sumária, que a licença ambiental é um ato discricionário, uma vez que caberá à Administração, por intermédio do órgão ambiental competente, segundo critérios de conveniência e oportunidade, avaliar a necessidade ou não do estudo de impacto ambiental para a concessão da licença, devendo ponderar os princípios do desenvolvimento sustentável e da preservação do meio ambiente.
>
> c) E, no caso, o Instituto Ambiental do Paraná, com base na discricionariedade administrativa, deferiu licença ambiental à Rodonorte, considerando prescindível estudo de impacto ambiental para duplicação de rodovia na faixa de domínio da BR 277, o que, a princípio, não ofendeu as normas ambientais.
>
> 2) AGRAVO DE INSTRUMENTO AO QUAL SE NEGA PROVIMENTO. (Brasil. Tribunal de Justiça do Estado do Paraná. 5ª Câmara Cível, AI 9677167 PR 967716-7. Relator: Desembargador Leonel Cunha, j. em 9 jul. 2013. *DJ*, 1156 null).

Outra discussão em sede doutrinária é se a licença ambiental preenche o requisito da vinculação, própria das licenças em geral, pois teria a autoridade e discricionariedade técnica. Silva (2010, p. 281) entende que a licença ambiental é um ato vinculado, ou seja, uma vez que o interessado preencha os requisitos legais, a licença não pode ser recusada. Milaré (2007, p. 410) entende que a margem de discricionariedade de licença ambiental não muda a natureza jurídica de ato vinculado, pois não há atos inteiramente vinculados ou inteiramente discricionários, mas uma situação de preponderância de maior ou menor liberdade deliberativa do agente; e o matiz que se sobressai na licença ambiental é a subordinação da manifestação administrativa ao requerimento do interessado, uma vez atendidos os pressupostos legais relacionados à defesa do meio ambiente e à função social da propriedade. Já Farias (2013b, p. 169) assevera que a discricionariedade da licença é técnica, corolário dos estudos ambientais. Então, pode-se sumular que é ato vinculado e com prazo certo. Concluem Fink, Alonso Jr. e Dawalibi (2002, p. 10):

> No entendimento da maioria da doutrina, a licença ambiental tem a natureza jurídica mesmo de *licença*, no sentido que o direito administrativo lhe atribui. Resulta de um direito subjetivo do

interessado que, para seu exercício, precisa preencher alguns requisitos previstos em lei. Daí decorre que a Administração não poderá negá-la quando o requerente satisfaz todos os requisitos. Trata-se, portanto, de ato administrativo *vinculado*.

Oliveira (1999, p. 37) complementa que se trata de um ato administrativo constitutivo:

> Na verdade, a outorga da licença ambiental guarda nítida semelhança com a da licença de construir. Em ambos os casos, o particular tem direito, desde que satisfeitas as condicionantes legais, a obter a respectiva licença; assim como, apenas após a expedição da licença adquire o direito (antes meramente perspectiva) de efetivamente instalar ou exercer determinada atividade.

Sua renovabilidade não conflita com a estabilidade. Está sujeita à revisão ou mesmo suspensão somente no caso de interesse público superveniente ou pelo descumprimento dos requisitos e condicionantes. Nessa linha, ver Milaré (2007).

O Poder Executivo expedirá as licenças ambientais, que se desdobram em três subespécies (Resolução Conama nº 237/97, art. 8º – precedida pelo Decreto nº 99.274/90, art. 19):

a) licença ambiental prévia (LP);
b) licença ambiental de instalação (LI); e
c) licença ambiental de operação (LO).

Cumpre observar que não é qualquer atividade que demanda licença ambiental, mas somente aquelas que tenham potencial de causar poluição ou degradação ambiental e/ou utilizam-se de recursos naturais.

Tais licenças podem ser expedidas isolada ou sucessivamente, e sua emissão desdobra-se obrigatoriamente na sequência anteriormente estabelecida. Trata-se de licenciamento ambiental tríplice de, em regra, caráter obrigatório. Nesse diapasão, ver Araújo (2013, p. 121).

2.1.1 Licença ambiental prévia (LP)

Conferida na fase inicial, a licença ambiental prévia atesta a viabilidade ambiental do empreendimento ou atividade e estabelece requisitos básicos a serem atendidos nas fases de instalação e operação, observados os planos municipais, estaduais ou federais ambientais e de uso do solo, neles incluídas as diretrizes do plano diretor. Conferir o teor do inciso I do art. 8º da Resolução Conama nº 237/97:

> I – Licença Prévia (LP) – concedida na fase preliminar do planejamento do empreendimento ou atividade aprovando sua localização e concepção, atestando a viabilidade ambiental e estabelecendo os requisitos básicos e condicionantes a serem atendidos nas próximas fases de sua implementação.

Segundo observa Farias (2013, p. 68):

> É nessa fase também que o projeto é discutido com a comunidade, especialmente nos casos em que existir a possibilidade de audiência pública. Portanto, por ser a oportunidade para que sejam efetuadas as maiores mudanças estruturais no projeto da atividade a ser licenciada, é possível afirmar que a licença prévia é a mais importante de todas as licenças ambientais.

2.1.2 Licença ambiental de instalação (LI)

Expressa o consentimento para o início da implementação do empreendimento ou atividade, de acordo com as especificações do Projeto Executivo aprovado, conforme conteúdo do inciso II do art. 8º da Resolução Conama nº 237/97.

2.1.3 Licença ambiental de operação (LO)

Possibilita o início da ocupação dos empreendimentos ou início das atividades após a verificação do efetivo cumprimento das licenças anteriores, nos moldes do inciso III do art. 8º da Resolução Conama nº 237/97.

Carneiro (2014, p. 100) afirma que:

> O licenciamento ambiental é um compromisso, assumido pelo empreendedor junto ao órgão ambiental, de atuar conforme o projeto aprovado. Portanto, modificações posteriores, como, por exemplo, redesenho de seu processo produtivo ou ampliação da área de influência, deverão ser levadas novamente ao crivo do órgão ambiental.

2.1.4 Autorização ambiental (ATZ)

Os entes federativos podem emitir outros documentos ambientais em sede de licenciamento ambiental, sendo o mais comum a autorização ambiental, que veicula comumente ato autorizativo de intervenção em áreas verdes (supressão de indivíduo arbóreo, intervenção em vegetação e/ou APP). Nesse sentido, é o teor do art. 11 da Lei Complementar nº 140/11:

> Art. 11. A lei poderá estabelecer regras próprias para atribuições relativas à autorização de manejo e supressão de vegetação, considerada a sua caracterização como vegetação primária ou secundária em diferentes estágios de regeneração, assim como a existência de espécies da flora ou da fauna ameaçadas de extinção.

Também pode ser utilizada para transplantio de árvores, como é o caso do Município de Campinas (SP) (Lei Complementar nº 49/13 e Decreto nº 18.705/15, arts. 6º, III, 30, 33 e Anexo III, X), de São Bernardo do Campo (SP) (Lei nº 6.163/11 e Decreto nº 18.723/12, art. 4º), de Sorocaba (SP) (Lei nº 10.060/12 e Decreto nº 21.350/14, arts. 6º, 10, IV e arts. 40 a 46), do Rio de Janeiro (RJ) (Resolução SMAC nº 567/14) e de Montes Claros (MG) (Lei nº 3.754/07, art. 13, XIV).

Conforme a Lei Complementar nº 140/11, o ente que possui competência para o licenciamento da atividade principal também possui para a secundária, no caso a supressão de vegetação:

> Art. 13. Os empreendimentos e atividades são licenciados ou autorizados, ambientalmente, por um único ente federativo, em conformidade com as atribuições estabelecidas nos termos desta Lei Complementar.
> § 1º Os demais entes federativos interessados podem manifestar-se ao órgão responsável pela licença ou autorização, de maneira não vinculante, respeitados os prazos e procedimentos do licenciamento ambiental.
> § 2º A supressão de vegetação decorrente de licenciamentos ambientais é autorizada pelo ente federativo licenciador.

2.2 Fases do procedimento para a concessão de licença ambiental

O licenciamento ambiental é prévio aos outros atos administrativos (Lei nº 6.938/81, art. 10, e Resolução Conama nº 237/97, art. 2º), especialmente quando exigir EIA (Constituição Federal, art. 225, § 1º, IV), o que faz com que seu *modus operandi* anteceda licenças administrativas e urbanísticas a cargo de outros órgãos sobre a mesma obra, atividade ou empreendimento, conforme etapas constantes do art. 10 da Resolução Conama nº 237/97. A legislação do Estado de São Paulo segue a mesma linha, conforme a Lei Estadual nº 9.509/97, que instituiu a Política Estadual de Meio Ambiente (art. 19).

Uma peculiaridade do procedimento de licenciamento ambiental é que uma etapa sempre condiciona a seguinte, como um ato necessário de aprovação preliminar.

Reconhecer cada etapa, os documentos e estudos a serem apresentados, bem como o alcance da leitura técnica e comunitária, é fundamental para o sucesso na obtenção das licenças ambientais.

2.2.1 Requerimento da licença ambiental pelo empreendedor

A solicitação deve vir acompanhada de documentos, projetos e estudos ambientais necessários e ter seu anúncio levado ao público, para a devida observância do princípio da publicidade (art. 10, § 1º, da Lei nº 6.938/81). Deverá acompanhar os documentos que instruem o pedido inicial a certidão do Município, declarando que aquele empreendimento e respectivo local de sua instalação estão em consonância com a legislação de uso e ocupação do solo.

Note-se que uma importante característica do procedimento de licenciamento ambiental é a sua necessária publicidade consistente no dever do Poder Público de informar a sociedade, estimulando o direito a participação democrática. A comunidade tem o direito de conhecer a atividade, obra ou empreendimento pretendido, podendo acompanhar e impugnar o EIA e elaborar comentários em sede de audiência pública (Lei nº 6.938/81, art. 10, § 1º, e Resolução Conama nº 06/86). Nesse sentido, o referido dispositivo legal sofreu alteração pela Lei Complementar nº 140/11, cujo teor transcreve-se:

> Art. 10. [...]
> § 1º Os pedidos de licenciamento, sua renovação e a respectiva

concessão serão publicados no jornal oficial, bem como em periódico regional ou local de grande circulação, ou em meio eletrônico de comunicação mantido pelo órgão ambiental competente.

Com a sua nova redação, o dispositivo visou abranger maiores oportunidades em conferir publicidade, especialmente pela rede mundial de computadores, uma vez que nem todos os cidadãos acessam o jornal oficial ou periódico regional ou local. Essa é uma realidade dos processos eletrônicos de aprovação de empreendimentos, que possibilitam formas mais eficazes de conferir transparência aos atos da Administração Pública, não somente por meio de imprensa oficial, mas por meio de sites públicos.

2.2.2 Análise pelo órgão ambiental

O órgão ambiental competente analisará o pedido a fim de verificar qual é o órgão apto a avaliar a obra, empreendimento ou atividade. Essa informação também definirá qual documento ambiental irá emitir.

Depois, procede-se à análise dos documentos, projetos e estudos apresentados, pedindo complementação ou esclarecimentos e realizando-se vistoria técnica, se necessário.

2.2.3 Realização ou dispensa de audiência

Havendo audiência pública, poderá o órgão ambiental competente, o órgão de controle social ou qualquer cidadão requerer outros esclarecimentos ao empreendedor.

Audiências públicas

Na audiência pública, busca-se expor à sociedade o conteúdo e a análise do empreendimento e do Rima (quando o empreendimento requerer EIA), dirimindo dúvidas e recolhendo dos presentes críticas e sugestões a respeito (Resolução Conama nº 01/86, art. 11, § 2º).

Em caso de sigilo, a consulta se restringirá à parte que com ele não tenha qualquer relação (Resolução Conama nº 01/86, art. 11).

A audiência pública pode ser convocada em quatro hipóteses (Resolução Conama nº 09/87, art. 2º):

a) quando o órgão do meio ambiente julgar necessária a sua realização;
b) por solicitação de entidade civil;

c) por solicitação do Ministério Público; e
d) a pedido de 50 ou mais cidadãos.

Antunes (2005, p. 286) entende que a audiência não possui caráter decisório, mas sim consultivo. Carneiro (2014, p. 73) afirma que "considerar não é acatar", ou seja, as observações previstas nas audiências e demais formas de oitiva da comunidade não são vinculantes, mas devem ser consideradas e respondidas do motivo de sua internalização ou não no processo de licenciamento ambiental.

Apesar de não ter caráter vinculativo ou decisório, a audiência é obrigatória, conforme se extrai de acórdão proferido pelo Superior Tribunal de Justiça que já determinou a realização de novas audiências públicas nos Municípios de Itacaré (BA) e Uruçuca (BA), além da audiência pública já realizada em Ilhéus (BA) previamente à concessão de licenciamento ambiental do empreendimento Porto Sul, cujo teor da ementa se transcreve:

> PEDIDO DE SUSPENSÃO DE MEDIDA LIMINAR. LICENÇA AMBIENTAL. AUDIÊNCIAS PÚBLICAS. PRINCÍPIO DA PRECAUÇÃO. Em matéria de meio ambiente vigora o princípio da precaução que, em situação como a dos autos, recomenda a realização de audiências públicas com a participação da população local. Agravo regimental não provido. (Brasil. Superior Tribunal de Justiça. Corte Especial, v.u., AgRg na SLS 1552/BA. Relator: Min. Ari Pargendler, j. em 16 maio 2012. DJe, 6 jun. 2012).

Se os legitimados requererem e não houver a audiência pública, a licença será inválida. Este é o requisito essencial da licença, e sua ausência gera nulidade do processo de licenciamento ambiental (Boxe 2.2).

Boxe 2.2

Por similaridade, cabe aqui menção a entendimento do Supremo Tribunal Federal quanto à obrigatoriedade de consultas públicas em sede de criação das UCs, eis que tais instrumentos de oitiva da comunidade em que questões de ordem ambiental são próximos:

> É importante salientar que a consulta pública, não obstante se constitua em instrumento essencialmente democrático, que retira o povo

da plateia e o coloca no palco dos assuntos públicos, não tem, aqui, a natureza de um plebiscito. Algumas manifestações contrárias à criação da estação ecológica não têm a força de inviabilizar o empreendimento, até porque a finalidade da consulta pública é apenas "subsidiar a definição da localização, da dimensão e dos limites mais adequados para a unidade" (art. 5º do Decreto 4.340/2002). Isso quer dizer que a decisão final para a criação de uma unidade de conservação é do chefe do Poder Executivo. O que este se obriga a fazer, segundo a lei, é apenas ouvir e ponderar as manifestações do povo, o que, segundo a nota técnica de fls. 512/513, parece haver ocorrido. [...] Também se me afigura equivocada a alegação de que o procedimento administrativo, inicialmente instaurado para a criação de um parque nacional, acabou por conduzir à criação de uma estação ecológica para fugir à obrigatoriedade de realização da consulta pública. Primeiro, porque as reuniões públicas foram realizadas. Segundo, porque do mesmo procedimento administrativo resultou também a criação do Parque Nacional Terra do Meio. E aqui devo frisar que não há qualquer ilegalidade na criação de mais de um tipo de unidade de conservação da natureza a partir de um único procedimento administrativo. É que, não raro, os estudos técnicos e as próprias consultas às populações interessadas indicam essa necessidade, consideradas as características de cada um dos tipos de unidade de conservação. [...] Já as acusações da impetrante de que o verdadeiro motivo da criação da Estação Ecológica da Terra do Meio seria a subserviência brasileira a interesses internacionais, trata-se de alegação que não pode ser aferida em sede de mandado de segurança, por constituir matéria eminentemente fática e por isso mesmo dependente de instrução probatória. Como referiu o PGR, "ainda que fosse possível a prova de que a administração pública federal estaria em conluio com entidades internacionais ou, ao menos, operando em erro ou com alguma espécie de temor reverencial, tal comprovação certamente não poderia se efetivar na estreita via do mandado de segurança". Isso sem contar que os indícios apontados pela autora se resumem a estudos internacionais que integrariam o conjunto de subsídios técnicos da proposta, o que me parece insuficiente para se chegar à conclusão da impetrante. (Brasil. Supremo Tribunal Federal. MS 25.347, Plenário, voto do Relator: Min. Ayres Britto, j. em 17 fev. 2010. *DJe*, 19 mar. 2010.)

Segundo Nobre Jr. (2003, p. 141), a audiência pública "tende a propiciar a obtenção de maiores dados pelos particulares, contribuindo para que o órgão administrativo venha a tomar uma decisão correta e justa".

Observe-se que a audiência pública é uma das formas de controle comunitário, e não a única (assim como as denúncias, as manifestações, os contraestudos dos impactos apontados), ao lado dos controles administrativo e judicial.

2.2.4 Parecer técnico conclusivo

Após a oitiva da comunidade, o órgão técnico ambiental elabora o parecer conclusivo e, quando couber, o jurídico.

Não obstante o empreendedor tenha direito ao recurso a qualquer momento, recomenda-se conferir essa oportunidade antes da emissão do documento ambiental, diante da leitura técnica do órgão ambiental e comunitária (por intermédio da oitiva do Conselho de Meio Ambiente) ou da sociedade (por meio de audiência pública), quando couber.

2.2.5 Emissão do documento ambiental

O ato final (deferimento por meio de emissão de licenças ou autorizações ambientais) ou o indeferimento ensejam a devida publicidade.

2.3 Compatibilidade entre o licenciamento ambiental e o urbanístico

Comumente, os empreendimentos e atividades demandam análise ambiental e urbana, com expedição pelos órgãos públicos de licenças e alvarás específicos.

A harmonia entre essas duas análises distintas, mas complementares, e os momentos em que ambas são concedidas são essenciais para a minimização de impactos de ordem urbana e ambiental, independentemente do órgão licenciador (União, Estado, Distrito Federal ou Município).

Nesse sentido, o licenciamento ambiental é prévio ao urbanístico, não obstante o fato de o início do processo de licenciamento ambiental sempre demandar Certidão de Uso do Solo a ser expedida pelo Município, que informa se o Plano Diretor e o zoneamento urbano permitem aquele empreendimento ou atividade. Segundo Farias (2013b, p. 89):

> A licença prévia ou a licença de instalação pode modificar o projeto de tal maneira que a licença urbanística tenha de ser adaptada ou revista, sendo por isso que esta deve ser concedida após aquela.

Esse é um dos objetivos da Lei Complementar nº 140/11:

> Art. 3º. Constituem objetivos fundamentais da União, dos Estados, do Distrito Federal e dos Municípios, no exercício da competência comum a que se refere esta Lei Complementar: [...]
> III – harmonizar as políticas e ações administrativas para evitar a sobreposição de atuação entre os entes federativos, de forma a evitar conflitos de atribuições e garantir uma atuação administrativa eficiente;

2.4 Prazos de análise técnica e comunitária

Assim como os interessados no licenciamento ambiental têm prazos para apresentar documentos e estudos, o órgão público licenciador também deve cumprir lapso temporal razoável, primando pela celeridade e eficiência no procedimento de licenciamento ambiental, nos termos do art. 14 da Lei Complementar nº 140/11, segundo o qual os órgãos licenciadores devem observar os prazos estabelecidos para tramitação dos processos de licenciamento. Nessa linha, a Resolução Conama nº 237/97, em seu art. 14, estabelece dois períodos máximos de análise pelo órgão ambiental – seis meses para processos ordinários e 12 meses para os que demandam EIA/Rima e/ou audiência pública.

2.5 Prazos das licenças ambientais

O órgão ambiental competente também estabelecerá os prazos de validade das licenças ambientais, conforme a Resolução Conama nº 237/97, art. 18 (Quadro 2.1).

O Conama definirá, quando necessário, licenças ambientais específicas, observadas a natureza, as características e as peculiaridades da atividade ou do empreendimento e, ainda, a compatibilidade do processo de licenciamento com as etapas de planejamento, implantação e operação (Resolução Conama nº 237/97, art. 9º). Pode-se citar como exemplo a Resolução Conama nº 289/01, que estabelece diretrizes para o licenciamento ambiental de projetos de assentamentos de Reforma Agrária.

Quadro 2.1   Prazos de licenças ambientais

	LP	LI	LO
Requisitos mínimos para estabelecimento do prazo de validade	Conforme estabelecido no cronograma de elaboração dos planos, programas e projetos relativos ao empreendimento ou atividade	Conforme estabelecido no cronograma de instalação do empreendimento ou atividade	Conforme estabelecido nos planos de controle ambiental
Duração do prazo de validade	Não pode ser superior a cinco anos	Não pode ser superior a seis anos	Não pode ser inferior a quatro anos e, superior a dez anos

2.6 Renovação das licenças ambientais

Outra característica importante da licença é sua estabilidade temporal, uma vez que não é definitiva, podendo ser renovada periodicamente (Lei nº 6.938/81, art. 10, § 1º; Resolução Conama nº 237/97, art. 18, §§ 3º e 4º; e Lei Complementar nº 140/11, art. 14).

Dá-se, portanto, a renovação quando o prazo de vencimento da licença ambiental está próximo e o empreendedor requer sua renovação.

Segundo o § 4º do art. 14 da Lei Complementar nº 140/11:

> § 4º A renovação de licenças ambientais deve ser requerida com antecedência mínima de 120 (cento e vinte) dias da expiração de seu prazo de validade, fixado na respectiva licença, ficando este automaticamente prorrogado até a manifestação definitiva do órgão ambiental competente.

Nas atividades poluidoras ou potencialmente poluidoras, a renovação da LO é procedimento rotineiro. Já nos processos de licenciamento de obras é desnecessária, porque uma vez finalizada a obra e procedida à vistoria e verificação de cumprimento das normas ambientais, não há que se falar em renovação, consistindo a LO em ato definitivo.

2.7 Revisão das licenças ambientais

A revisão da licença ambiental poderá ser feita em três hipóteses, conforme Resolução Conama nº 237/97:

> Art. 19. O órgão ambiental competente, mediante decisão motivada, poderá modificar os condicionantes e as medidas de controle e adequação, suspender ou cancelar uma licença expedida, quando ocorrer:
> I – violação ou inadequação de quaisquer condicionantes ou normas legais.
> II – omissão ou falsa descrição de informações relevantes que subsidiaram a expedição da licença.
> III – superveniência de graves riscos ambientais e de saúde.

Na qualidade de ato administrativo emanado em um procedimento administrativo, as licenças podem ser anuladas ou invalidadas, conforme a lição do direito administrativo, em razão de desconformidade com a ordem jurídica. Nesse sentido, é o teor da Súmula 473 do Supremo Tribunal Federal:

> Súmula 473 – A Administração pode anular seus próprios atos, quando eivados de vícios que os tornam ilegais, porque deles não se originam direitos; ou revogá-los, por motivo de conveniência ou oportunidade, respeitados os direitos adquiridos, e ressalvada, em todos os casos, a apreciação judicial.

Todavia, sua revogação, consistente em ato administrativo discricionário pelo qual a própria administração extingue um ato válido, por razões de oportunidade e conveniência, fica prejudicada por se tratar de ato vinculado (Oliveira, 1999), não obstante haja vozes em contrário, conforme assevera Dawalibi (2000, p. 179):

> [...] da revogação não resultará direito algum a indenização ao titular da licença ambiental, posto que, em face da irrelevância da licitude da atividade (princípio logicamente decorrente da responsabilidade civil objetiva), ninguém adquire direito de implantar empreendimento lesivo ao meio ambiente, além do que sempre haverá responsabilidade pelos danos ambientais causados pela obra ou empreendimento, mesmo que regularmente licenciados.

2.8 Convalidação do processo de licenciamento ambiental

Também advinda do direito administrativo, aborda-se neste item a possibilidade de convalidação no processo de licenciamento ambiental.

A convalidação é o ato administrativo pelo qual é suprido o vício existente em um ato nulo ou anulável, com efeitos retroativos e com fundamento no interesse público, na boa-fé e na segurança jurídica. Em regra, somente pode haver convalidação quando o ato puder ser produzido validamente no presente.

A Advocacia Geral da União já entendeu ser possível a convalidação de licenciamento ambiental conduzido por órgão incompetente do Sisnama. Como exemplo, pode-se citar a análise do licenciamento ambiental de duplicação e reforma de uma estrada que atravessava terras indígenas, a qual estava sendo efetuada por Órgãos Estaduais do Meio Ambiente (Oema) conforme a Orientação Jurídica Normativa (OJN) nº 33/2012/PFE-Ibama, cujo trecho a seguir transcreve-se:

> É que sendo do Ibama [Instituto Brasileiro do Meio Ambiente e dos Recursos Naturais Renováveis] a competência licenciatória em questão, não se pode negar que os atos anteriormente realizados o foram com vício de competência, sendo, destarte, anuláveis ou convalidáveis. Com efeito, o vício de competência, que atinge determinado ato administrativo, é de natureza extrínseca, podendo ser convalidado pela autoridade competente. [...] Assim, na situação concreta sob exame, caso o Ibama decida delegar a competência licenciatória em questão, deverá necessariamente decidir sobre a validade dos atos já praticados, podendo convalidá-los, por meio de uma ratificação ou exigindo reformas.

Bim (2014, p. 262) sustenta a possibilidade de convalidação nos vícios de competência no processo de licenciamento ambiental:

> [...] o procedimento administrativo de licenciamento ambiental deve observar o disposto na Lei 9.784/99, no que couber. A própria Lei 9.784/99 não deixa dúvida sobre a aplicação de seus preceitos a qualquer processo administrativo, na falta de disposição específica em "lei própria" (art. 69). [...] É o regime jurídico dos atos administrativos, bem como do processo administrativo, que possibilita a eventual convalidação dos atos administrativos

constantes no licenciamento ambiental quando há deslocamento do processo administrativo para outro órgão ou entidade do Sistema Nacional do Meio Ambiente – Sisnama.

Também parece ser útil a convalidação no desdobramento do procedimento de licenciamento ambiental, com a correção de eventuais erros constatados na licença anterior. Nessa linha, Araújo (2013, p. 127) observa: "[...] erros podem ser constatados na Licença Prévia, a qual deve ser atentamente revista para a concessão da Licença de Instalação".

O processo de licenciamento ambiental é complexo, custoso e envolve muitos estudos do empreendedor e da Administração Pública, razão pela qual, quando se puder convalidar o ato ou procedimento, o agente público deve fazê-lo com base na economicidade e eficiência que a convalidação gerará.

2.9 Licenciamento simplificado

O licenciamento de procedimento simplificado é direcionado para obras, atividades e empreendimentos de menor complexidade ou menor impacto, visando conferir ao seu processo de aprovação maior celeridade.

O procedimento simplificado pode consistir em exigências de quantidade menor de documentos e estudos ambientais a serem apresentados, aglutinação de licenças ambientais a serem emitidas, menores prazos de análises ou até mesmo a própria informatização do procedimento. No Estado de São Paulo, por exemplo, existe o Sistema de Licenciamento Simplificado (Silis), que consiste num procedimento célere e informatizado, via internet, pelo qual empreendimentos de baixo potencial poluidor podem obter LP, LI e LO (ou sua renovação) por meio de um documento emitido via sistema on-line. Conferir o site no seguinte endereço: <www.silis.cetesb.sp.gov.br>.

Os órgãos ambientais licenciadores federais, estaduais ou municipais podem estabelecer procedimentos simplificados para atividades e empreendimentos de pequeno impacto ambiental, conforme permite a Resolução Conama nº 237/97, art. 12, § 1º (Boxe 2.3).

2.10 Autolicenciamento ambiental

Dá-se o autolicenciamento ambiental nos processos em que as figuras de licenciador e licenciado perfazem a mesma pessoa jurídica de direito público. Isso pode ocorrer porque um ente da Federação executor da obra, empreendimento ou serviço (na qualidade de interessado no licenciamento ambiental) pode recorrer a outros entes federativos ou a ele mesmo no pedido de licença ambiental.

> **Boxe 2.3**
>
> O Conselho Nacional do Meio Ambiente (Conama) também editou resoluções que instituem procedimento simplificado de licenciamento ambiental para os empreendimentos que causam baixo impacto ao meio ambiente. São elas: a Resolução Conama nº 279/01 (empreendimentos elétricos com pequeno potencial de impacto ambiental); a Resolução nº 312/02 (empreendimentos de carcinicultura na zona costeira); a Resolução Conama nº 349/04 (empreendimentos ferroviários de pequeno potencial de impacto ambiental e a regularização dos empreendimentos em operação); a Resolução Conama nº 377/06 (Sistema de Esgotamento Sanitário); a Resolução nº 385/06 (agroindústrias de pequeno porte e baixo potencial de impacto ambiental); a Resolução nº 387/06 (projetos de assentamento de reforma agrária); a Resolução nº 412/09 (empreendimentos destinados à construção de habitações de interesse social); e a Resolução nº 413/09 (aquicultura). Em nível estadual, temos como exemplo São Paulo, que estabeleceu o licenciamento ambiental simplificado e informatizado de atividades e empreendimentos de baixo impacto ambiental (Decreto nº 60.329/14), e o Rio Grande do Sul, que editou a Portaria Conjunta nº 85/08, da Secretaria Estadual do Meio Ambiente (Sema-RS) e da Fundação Estadual de Proteção Ambiental Henrique Luiz Roessler (Fepam), estabelecendo critérios e rotinas para processamento de pedidos de licenciamento ambiental simplificado, bem como a Portaria nº 30/14, da Fepam, que dispõe acerca da definição dos procedimentos para licenciamento de obras de barragem e açudagem para fins de irrigação naquele Estado. No nível municipal, toma-se, por exemplo, o Município de Campinas (SP) (Lei Complementar nº 49/13, art. 6º, § 1º, e Decreto nº 18.705/14, arts. 11, 12, 41 e 44 a 49), Rio de Janeiro (RJ) (Decreto nº 30.568/09, art. 22 a 34, e Resolução SMAC nº 523/13), Jataí (GO) (Lei nº 2.673/05), Fortaleza (CE), por meio da Instrução Normativa Seuma no 01/15, Cachoeiro de Itapemirim (ES) (Lei nº 5.286/01) e Itabuna (BA) (Lei nº 2.195/11, art. 155 e Decreto nº 10.634-A/13).

Há compreensível preocupação, principalmente veiculada pelos Ministérios Públicos, de que esse tipo de procedimento possa acarretar o afastamento de isenção do órgão estatal, comumente sujeito a pressões políticas para agilizar ou flexibilizar parâmetros de análises técnicas. Certamente, tal fato pode ocorrer em qualquer esfera estatal, eis que pressões e condutas irregulares ou ilícitas não se restringem a um ou outro ente federativo. Ademais, caso se leve em conta uma eventual hierarquia de licenciamento ambiental (note-se: afastada pela Lei Complementar nº 140/11), seriam as obras e empreendimentos do Município licenciados pelo Estado, as do Estado, pela União, e as da União, por ela mesma? Isso seria, nessa linha de raciocínio, no mínimo incongruente.

A doutrina especializada entende ser perfeitamente possível o licenciamento ambiental de obras públicas pelos entes públicos, ainda que pertencentes ao mesmo ente federado (Farias, 2013, p. 54-60).

Para afastar eventuais pressões políticas ou institucionais, sabe-se que o caminho a ser seguido é o da paridade de análises, da objetivação do processo, transparência e o salutar fomento da participação social no processo de licenciamento ambiental.

A paridade confere lisura aos processos de autolicenciamento, uma vez que demanda as mesmas exigências técnicas e procedimentais tanto ao empreendimento particular quanto ao público. Não pode haver, em opinião nossa, distinção das normas técnicas e legais de licenciamento, uma vez que o impacto ao meio ambiente é o mesmo e a natureza não tem fronteiras ou titularidades. Portanto, a legislação ambiental deve ser única e isonômica.

Outra recomendação consiste na objetivação do processo, elaborando-se termos de referência para a entrega dos documentos de estudos e análises dos fatores de poluição e impacto ambiental, conferindo padronização e segurança para o ente que solicita, analisa e controla o processo de licenciamento ambiental. Visando incrementar a objetividade em seu processo de licenciamento ambiental e qualidade nos estudos apresentados pelo Poder Público, vários Municípios instituíram termos de referência para documentos apresentados em sede de licenciamento ambiental, igualmente válidos tanto para o privado quanto para o público (Boxe 2.4).

Além disso, o rigor à análise do processo é conferido a cada agente público, que deve proceder às condutas de probidade e observância das normas e princípios ambientais e da administração pública constantes do art. 37 da Constituição Federal (legalidade, moralidade, impessoalidade, publicidade e eficiência) (D'Oliveira, 2006).

> **Boxe 2.4**
>
> Entre eles, destacam-se: Juiz de Fora (MG), que possui termos de referência para plano de controle ambiental (PCA) e relatório de controle ambiental (RCA) para indústrias, cemitérios, mineração, relatório ambiental simplificado, PCA e RCA para atividade de dragagem em corpos d'água (http://www.pjf.mg.gov.br/secretarias/sma/licenc.php); Itajaí (RJ), que publicou termos de referência para gerenciamento de resíduos sólidos e estudos geofísicos para rebaixamento de lençol freático (http://www.famai.itajai.sc.gov.br/d/55); e Campinas (SP), que conta com termos de referência para laudo de caracterização de vegetação, laudo de fauna, plano de controle de obra, laudo geológico-geotécnico, estudo ambiental aplicado, projetos de drenagem de águas pluviais, projetos de terraplanagem, estudo de tráfego, monitoramento da qualidade da água, gerenciamento de resíduos sólidos etc. (http://campinas.sp.gov.br/governo/meio-ambiente/licenciamento-ambiental.php).

Conforme alude Amorim (2008, p. 48), "a ilegalidade (ou inconstitucionalidade) não está no autolicenciamento em si, mas na não observância das normas por ocasião da análise do projeto".

Também, para conferir maior controle aos já institucionalmente organizados (Ministério Público, ouvidorias, Poder Legislativo), a leitura comunitária procedida por representantes da sociedade no processo de licenciamento ambiental, além de salutar, é um dos caminhos para ampliar o controle das medidas estatais, ainda mais quando se refere ao licenciamento ambiental em órbita local, na qual a comunidade vivencia de perto as mazelas e os desafios da cidade em conjugar o desenvolvimento econômico, social e humano com a preservação do meio ambiente. Nesse sentido e por uma participação mais ampla no autolicenciamento, ver Farias (2013, p. 55).

Sobre a viabilidade do autolicenciamento, Fink, Alonso Jr. e Dawalibi (2002, p. 52) concluem:

> Portanto, dentro do critério consagrado na Constituição Federal de autonomia dos entes federados, está perfeitamente dentro do

ordenamento legal a hipótese de o próprio ente, através de sua agência ambiental, licenciar sua atividade. Basta possuir competência licenciadora, no caso concreto, e do Município a União, em face da integração de todos ao Sistema Nacional de Meio Ambiente – Sisnama (art. 6º, VI, da Lei 6.938/81), será formalmente viável o autolicenciamento.

Além das medidas citadas, para dar maior eficiência e rigor aos estudos apresentados pelo Poder Público, Campinas (SP) instituiu um órgão de apoio técnico para as obras, atividades e empreendimentos municipais, de forma que o administrador e o engenheiro executor da obra tenham apoio de um grupo multidisciplinar capacitado para elaborar os documentos a serem apresentados em sede de licenciamento ambiental (laudo de caracterização de vegetação, plano de controle de obra, estudo ambiental aplicado, projetos de drenagem de águas pluviais, projetos de terraplanagem, gerenciamento de resíduos sólidos, entre outros). Conferir o teor dos documentos no seguinte endereço eletrônico: <http://campinas.sp.gov.br/governo/meio-ambiente/licenciamento-ambiental.php>.

2.11 Licenciamento ambiental complexo

Outro ponto a ser analisado é a possibilidade de dupla ou tripla licença, conferida pelos diversos entes federativos dentro de suas competências materiais de poder de polícia.

De pronto, cabe afirmar que a Lei Complementar nº 140/11 veda essa possibilidade, estatuindo que o licenciamento ambiental é único, ou seja, direcionado e decidido por um ente federativo, conforme o critério de localização da obra, empreendimento ou serviço (art. 13), bem como define que o órgão ambiental competente internalize os aspectos regionais (a cargo do Estado) e locais (a cargo do Município) e órgãos de gestão de UCs, conforme será visto no Cap. 3, afeto às peculiaridades do licenciamento ambiental municipal.

Na vigência da Resolução Conama nº 237/97, art. 7º (anteriormente à Lei Complementar nº 140/11), encontrava-se posição jurisprudencial dos Tribunais Federais propugnando pela viabilidade de atuação concorrente dos diversos órgãos licenciadores. No Estado de São Paulo, pode-se citar um caso de aplicação do licenciamento ambiental complexo, por meio de decisão judicial, em sede de ação civil pública ajuizada pelo Ministério Público Federal: o Rodoanel

Mário Covas (trechos Norte, Sul e Leste), consistindo em infraestrutura viária a cargo do Governo do Estado, cujos trechos do acórdão se colacionam:

> 3. Trata-se de pioneira e histórica experiência de licenciamento ambiental que, embora processado num único e mesmo nível, sintetizará a participação efetiva e integrada das esferas federal, estadual e também municipal, no que couber, resultando em licenças ambientais como atos complexos de natureza jurídica constitucional, lastreadas no art. 225.
> 4. Esta forma de licenciamento ambiental complexo alcança resultado prático equivalente ao do duplo ou múltiplo licenciamento ambiental, com vantagens de menor dispêndio de tempo e menores custos (Boxe 2.5).

Boxe 2.5

Veja-se a seguinte ementa do Tribunal Regional Federal da 3ª Região:

> CONSTITUCIONAL. DIREITO AMBIENTAL. AÇÃO CIVIL PÚBLICA. MÁRIO COVAS (TRECHOS NORTE, SUL E LESTE). IMPACTO NO MEIO AMBIENTE. ÂMBITO NACIONAL E REGIONAL. LICENCIAMENTO AMBIENTAL COMPLEXO. PROCEDIMENTO ÚNICO. EFETIVA INTEGRAÇÃO E PARTICIPAÇÃO DAS ESFERAS FEDERAL, ESTADUAL E MUNICIPAL. VIABILIDADE. MENOR DISPÊNDIO DE TEMPO E MENORES CUSTOS. PROPOSTA DE CONCILIAÇÃO. AQUIESCÊNCIA DAS PARTES. PRESERVAÇÃO DO SISTEMA CONSTITUCIONAL DE COMPETÊNCIAS, DA ESTRUTURA FEDERATIVA E DA PROTEÇÃO AMBIENTAL NO INTERESSE DA COLETIVIDADE. HOMOLOGAÇÃO. EXTINÇÃO DO PROCESSO COM JULGAMENTO DO MÉRITO. (Brasil. Tribunal Regional Federal, 3ª Região, 6ª Turma. Apelação cível no 990.253. Relator: Des. Consuelo Yoshida, j. em 9 mar. 2005. *DJU*, 22 mar. 2005, p. 391).

Observe-se que a ilustre desembargadora, em sede doutrinária, refutou a constitucionalidade do art. 7º da Resolução nº 237 do Conama, a saber:

> Um dos dispositivos mais polêmicos, e que, em nosso entender, afronta o sistema constitucional de competências concorrentes e comuns, apropriado à tutela ambiental, é o que determina que os empreendimentos e atividades serão licenciados em um único nível de competência (art. 7º). Não pode a Resolução pretender alterar um sistema de competências constitucionalmente estabelecido, de tutela ambiental compartilhada entre os poderes e níveis federativos em consonância com o que estabelecem os arts. 225; 24, VI e VII; 23, VI, da Constituição. (Yoshida, 2008, p. 41-42).

O Tribunal Regional Federal da 5ª Região também já proferiu julgado no sentido de admitir a duplicidade de procedimentos por parte do Ibama e do órgão ambiental estadual:

> ADMINISTRATIVO E CONSTITUCIONAL. AGRAVO DE INSTRUMENTO. AÇÃO CIVIL PÚBLICA. EMPREENDIMENTOS DE CARCINICULTURA NO ESTADO DO CEARÁ. CONCESSÃO DE LICENÇA AMBIENTAL POR PARTE DO SEMACE E IBAMA. POSSIBILIDADE EM FACE DA COMPETÊNCIA COMUM DA UNIÃO, ESTADOS, DISTRITO FEDERAL E MUNICÍPIOS PARA PROTEÇÃO DO MEIO AMBIENTE. EXCLUSÃO DO SEMACE E RECONHECIMENTO DA COMPETÊNCIA EXCLUSIVA DO IBAMA. IMPOSSIBILIDADE. AUSÊNCIA DE PREJUÍZO AO IBAMA. ENCAMINHAMENTO AO IBAMA DOS REQUISITOS PENDENTES DE APRECIAÇÃO, DE MODO A ASSEGURAR A FISCALIZAÇÃO DETERMINADA NA DECISÃO SINGULAR. POSSIBILIDADE. (Brasil. Tribunal Regional Federal, 5ª Região, 2ª Turma. Agravo de Instrumento nº 56.251. Relator: Des. Federal Petrucio Ferreira, j. em 21 fev. 2006. *DJU*, 2 jun. 2006, p. 740).

Na recente doutrina Bim (2014, p. 71) manifesta-se contrário a essa tendência, baseado no princípio da eficiência e com o seguinte argumento complementar: "Abstraindo a irracionalidade, é ilusória a ideia de que mais órgãos licenciando a mesma atividade seja benéfico ao meio ambiente".

Farias (2013a, p. 87-88) arremata:

> A competência para licenciar na prática sempre foi atribuída a um único ente federativo, a despeito de certas divergências doutri-

nárias e jurisprudenciais. Em linhas gerais, a justificativa é que o procedimento é caro, exige alta complexidade técnica e ainda não está sendo disponibilizado a contento pelo Poder Público, tendo em vista o grande número de atividades que deveriam ser licenciadas e não o são por conta de falta de estrutura dos órgãos responsáveis.

2.12 Licenciamento ambiental corretivo

Viu-se até o momento que o licenciamento ambiental é um instrumento de controle de obras, empreendimentos e atividades potencialmente causadores de impactos ao meio ambiente que se baseia no princípio da prevenção.

Contudo, a realidade pode se afigurar diferentemente do que consta da legislação posta, podendo o agente licenciador se deparar basicamente com duas situações: atividades que operam sem a necessária prévia licença ou autorização ambiental; ou aquelas que se instalaram em período em que a legislação não demandava tal procedimento.

É nessa oportunidade que se analisa a possibilidade do licenciamento corretivo, que Bim (2014, p. 173) denomina licença ambiental corretiva, retificadora, tardia ou *a posteriori*.

Em primeiro lugar, os empreendedores não se submeteram ao licenciamento ambiental, ou se submeteram angariando apenas a licença ambiental prévia e não aguardaram as demais para a sua instalação e operação – também incluindo, nessa hipótese, a possibilidade de não terem obtido autorização ambiental para intervenção em área verde. Em tais situações, depara-se com a situação de um ilícito de três ordens: administrativa, nos termos do art. 66 do Decreto nº 6.514/08; civil, nos moldes dos arts. 186 e 927 do Código Civil; e penal, consoante o art. 60 da Lei nº 9.605/98. Anote-se que uma imputação de responsabilidade não exclui a outra, significando que aquele que cometer ilícito ambiental poderá ser responsabilizado triplamente, pois as três sanções são independentes, nos termos da Constituição Republicana Federal, art. 225, § 3º, e Lei nº 6.938/81, art. 14, § 1º.

Neste momento, a Administração Pública pode fazer uso do termo de ajustamento de conduta, para fins de resgatar, em sede administrativa, obrigações de fazer e não fazer para a imputação da responsabilidade civil daquele que descumpre a norma ambiental. Nesse viés, vale a pena conferir decisão do Tribunal de Justiça de Minas Gerais:

> AGRAVO DE INSTRUMENTO – AÇÃO ORDINÁRIA – REVISÃO DO ATO DE ARQUIVAMENTO DO PROCESSO ADMINISTRATIVO DE LICENCIAMENTO AMBIENTAL CORRETIVO – CONCESSÃO DE PRAZO PARA SANEAMENTO DE PENDÊNCIAS – FORMALIZAÇÃO DE TERMO DE AJUSTAMENTO DE CONDUTA – AUSÊNCIA DOS REQUISITOS NECESSÁRIOS PARA A CONCESSÃO DA TUTELA ANTECIPADA – INDEFERIMENTO – DECISÃO MANTIDA. 1. A antecipação de tutela visa a evitar a ocorrência de determinada situação que ponha em perigo iminente o direito à boa prestação jurisdicional. Sua viabilidade está pautada na existência da verossimilhança do direito alegado, no fundado receio de dano irreparável ou de difícil reparação, além de que fique caracterizado o abuso de direito de defesa ou o manifesto propósito protelatório do réu, *ex vi* do artigo 273 do CPC. 2. Ausentes os requisitos indispensáveis ao deferimento das medidas de urgência, a manutenção da decisão que indeferiu o pedido de tutela antecipada consistente na revisão do ato que arquivou o processo administrativo de licenciamento corretivo da agravante, bem como na concessão de prazo para saneamento de pendências e na formalização de Termo de Ajustamento de Conduta para fins de resguardar o funcionamento durante a vigência do instrumento, se impõe. (Brasil. Tribunal de Justiça de Minas Gerais. AI 10024121330856001 MG, 3ª Câmara Cível. Relator: Des. Elias Camilo, j. em 4 jul. 2013).

De qualquer sorte, a par da responsabilidade ambiental que essa situação desencadeia nas três órbitas indicadas, para o eventual direcionamento para o licenciamento ambiental a título de regularização, ou denominado corretivo, sugere-se o manejo do princípio da ponderação, levando-se em consideração vários direitos, como o da saúde (se se tratar de um hospital ou centro de saúde), da educação (se se tratar de escola), do saneamento ambiental (no caso de estações de tratamento, elevatórias de esgoto) e também o comando constitucional da ordem econômica, que visa impulsionar a tentativa de regularização ambiental de empreendimentos, harmonizando-os com a proteção dos bens ambientais, cuja equação tem por fito o desenvolvimento sustentável. Neste ponto, aduzimos que o licenciamento ambiental corretivo somente será viável se as condições ambientais e a legislação o permitirem. Nesse diapasão, argumenta Milaré (2007, p. 430):

Respeitadas as normas constitucionais, é possível exigir a correção do licenciamento daquele que já o fez, como daquele que não o fez, sob pena de consentir com a poluição e a degradação em detrimento do direito de todos a um ambiente ecologicamente equilibrado.

Assim é que há casos em que não se vislumbra regularização, dada a relevância do bem ambiental em tela. Tomam-se como exemplos as edificações em Áreas de Preservação Permanente (APP) (Boxe 2.6) e que não se enquadrem nos casos excepcionais de utilidade pública, interesse social ou baixo impacto ambiental, conforme previsto no Código Florestal, ou em áreas contaminadas com produtos que apresentem riscos ao meio ambiente e à saúde humana.

> **Boxe 2.6**
>
> Nessa esteira é o entendimento do Superior Tribunal de Justiça no seguinte acórdão:
>
>> AMBIENTAL E PROCESSUAL CIVIL. AÇÃO CIVIL PÚBLICA. OCUPAÇÃO E EDIFICAÇÃO EM ÁREA DE PRESERVAÇÃO PERMANENTE – APP. CASAS DE VERANEIO. MARGENS DO RIO IVINHEMA/MS. SUPRESSÃO DE MATA CILIAR. DESCABIMENTO. ART. 8º DA LEI 12.651/2012. NÃO ENQUADRAMENTO. DIREITO ADQUIRIDO AO POLUIDOR. FATO CONSUMADO. DESCABIMENTO. DESAPROPRIAÇÃO NÃO CONFIGURADA. LIMITAÇÃO ADMINISTRATIVA. DANO AMBIENTAL E NEXO DE CAUSALIDADE CONFIGURADOS. AUSÊNCIA DE PREQUESTIONAMENTO. SÚMULA 211/STJ. 1. Descabida a supressão de vegetação em Área de Preservação Permanente – APP que não se enquadra nas hipóteses previstas no art. 8º do Código Florestal (utilidade pública, interesse social e baixo impacto ambiental). 2. Conquanto não se possa conferir ao direito fundamental do meio ambiente equilibrado a característica de direito absoluto, certo é que ele se insere entre os direitos indisponíveis, devendo-se acentuar a imprescritibilidade de sua reparação, e a sua inalienabilidade, já que se trata de bem de uso comum do povo (art. 225, *caput*, da CF/1988). 3. Em tema de direito ambiental, não se cogita em direito adquirido à devastação, nem se admite a incidência da teoria do fato consumado. Precedentes do STJ e STF. 4. A proteção legal às

áreas de preservação permanente não importa em vedação absoluta ao direito de propriedade e, por consequência, não resulta em hipótese de desapropriação, mas configura mera limitação administrativa. Precedente do STJ. 5. Violado o art. 14, § 1º, da Lei 6.938/1981, pois o Tribunal de origem reconheceu a ocorrência do dano ambiental e o nexo causal (ligação entre a sua ocorrência e a fonte poluidora), mas afastou o dever de promover a recuperação da área afetada e indenizar eventuais danos remanescentes. 6. Em que pese ao loteamento em questão haver sido concedido licenciamento ambiental, tal fato, por si só, não elide a responsabilidade pela reparação do dano causado ao meio ambiente, uma vez afastada a legalidade da autorização administrativa. 7. É inadmissível o recurso especial quanto à questão não decidida pelo Tribunal de origem, por falta de prequestionamento (Súmula 211/STJ). 8. Recurso especial parcialmente conhecido e provido. (Brasil. Superior Tribunal de Justiça. 2ª Turma, REsp 1394025/MS. Relator: Min. Eliana Calmon, j. em 8 out. 2013. *DJe*, 18 out. 2013).

No mesmo sentido: Brasil. Superior Tribunal de Justiça. 2ª Turma, REsp 1245149/MS. Relator: Min. Herman Benjamin, j. em 9 out. 2012. *DJe*, 13 jun. 2013. Na mesma toada, segue o Tribunal de Justiça do Estado de São Paulo:

AÇÃO AMBIENTAL. Ubatuba. Loteamento Saloma. Construção em área de preservação permanente. Inexistência de licença ambiental. Dano ambiental. Demolição. Recuperação. Litisconsórcio. Cerceamento de defesa. 1. Litisconsórcio necessário. A ação de reparação de dano ambiental não é uma ação real, mas uma ação pessoal em que o direito de propriedade não corre risco. Caso de litisconsórcio facultativo entre os condôminos do imóvel a ser recuperado, pois em caso de responsabilidade solidária, pode o Ministério Público exigir a reparação ambiental de qualquer deles. Preliminar afastada. 2. Cerceamento de defesa. Não há cerceamento de defesa se a parte não requereu a produção da prova pericial no momento oportuno e não indicou falha nos laudos elaborados por agente investido de fé pública. Alegação rejeitada. 3. Construção. Área de preservação permanente. A área protegida deve ser preservada,

> não ocupada; a construção feita sem prévia licença ambiental deve ser demolida e a área deve ser recomposta. Insuficiência do alvará de construção concedido pelo Município, que desconhecia a existência de curso d'água no local. 4. Responsabilidade. Município. O Município tem o dever de regulamentar e disciplinar a ocupação do solo, coibindo as ocupações irregulares e ilegais. Omissão do Município, que permitiu a construção aqui cuidada. Responsabilidade subsidiária reconhecida. Procedência. Recursos voluntários desprovidos. Recurso oficial provido em parte. (Brasil. Tribunal de Justiça do Estado de São Paulo. 1ª Câmara Reservada ao Meio Ambiente, Apl 00037346120098260642-SP. Relator: Des. Torres de Carvalho, j. em 27 mar. 2014. *DJe*, de 31 mar. 2014 e também: Brasil. Tribunal de Justiça do Estado de São Paulo. 1ª Câmara Reservada ao Meio Ambiente, Apl 00057286620058260642 SP 0005728-66.2005.8.26.0642. Relator: Des. Torres de Carvalho, j. em 31 jul. 2014. *DJe*, 31 abr. 2014).

Comumente, quando o empreendimento ou a atividade que já se encontra instalado ou em operação for passível de regularização por meio do licenciamento ambiental corretivo (Boxe 2.7), a depender da fase em que é requerida a licença, tem-se a LI de natureza corretiva ou a LO de natureza corretiva. Há a possibilidade também de as três fases do licenciamento poderem ser condensadas em uma única fase, com procedimento simplificado, com estudos técnicos que analisam sua localização e impactos de implantação que o permitam. A Resolução Conama nº 237/97, em seu art. 8º, parágrafo único, permite que as licenças sejam expedidas isoladas ou sucessivamente, de acordo com a natureza, as características e a fase do empreendimento ou da atividade. Nesse caso, a formalização do processo requer a apresentação conjunta de documentos previstos para as fases de LP, LI e LO.

Boxe 2.7

> Vários diplomas legais adotam o licenciamento ambiental corretivo. No plano federal, o Decreto nº 4.340/02, que regulamenta a Lei nº 9.985/00, em art. 34, disciplina que:

> Os empreendimentos implantados antes da edição deste Decreto e em operação sem as respectivas licenças ambientais deverão requerer, no prazo de doze meses a partir da publicação deste Decreto, a regularização junto ao órgão ambiental competente mediante licença de operação corretiva ou retificadora.

O Conama também já editou várias resoluções a respeito de regularização de empreendimentos: a Resolução Conama nº 349/04, que dispõe sobre o licenciamento ambiental de empreendimentos ferroviários de pequeno potencial de impacto ambiental e a regularização dos empreendimentos em operação; a Resolução nº 06/87 (art. 12, § 5º). Alguns Estados da Federação disciplinam a matéria por meio de leis específicas para determinados empreendimentos, como é o caso de: Rio Grande do Sul, por meio de seu Código Ambiental (Lei Estadual nº 11.520/00, art. 67); Santa Catarina, que prevê licenciamento corretivo para as antenas de telecomunicação, com estrutura em torre ou similar, já instaladas (Lei nº 12.864/04, art. 4º); São Paulo, por meio do Decreto nº 8.468/76 (art. 71-A, § 1º); Minas Gerais, que cuida do licenciamento corretivo de estabelecimentos situados às margens da rodovia no Estado (Lei Estadual nº 14.508/02 e Decreto nº 39.424/98, art. 12, § 3º); Bahia, por meio do Decreto nº 7.967/01 (art. 186); Rio de Janeiro, cujo instrumento é a certidão ambiental, que atesta a regularidade ambiental do empreendimento (Decreto nº 44.820/14, art. 18, § 1º, IV); e Goiás, com a edição pelo Conselho Estadual do Meio Ambiente (Cemam) da Resolução nº 13/14, permitindo a regularização de empreendimentos e atividades utilizadoras de recursos ambientais consideradas poluidoras ou que possam causar degradação ambiental por meio da licença ambiental corretiva, que poderá ser concedida mediante assinatura de um termo de compromisso ambiental (TCA). Os Municípios também podem legislar na mesma linha, como os exemplos por meio de legislação ambiental específica de licenciamento ambiental municipal – por exemplo, Porto Alegre (RS) (Lei nº 8.267/98, arts. 20 e 21) e Campinas (SP) (Lei Complementar nº 49/13, art. 31, VIII; Decreto nº 18.705/14, arts. 50 a 55) – ou por meio de Código Ambiental, como Bauru (SP) (Lei nº 4.362/99) e Serra (ES) (Lei nº 2.199/99 e Decreto nº 3.729/14, arts. 9º, V, 17 e 22).

No caso em que as atividades já possuem licenças anteriores à mudança da legislação ambiental mais restritiva, a correção se dará no momento da renovação da licença ambiental (Lei nº 6.938/81, art. 10, § 1º, Lei Complementar nº 140/11, art. 14, § 4º, e Resolução Conama nº 237/97, art. 18, §§ 3º e 4º).

De fato, a Constituição Federal protege o direito adquirido, o ato jurídico perfeito e a coisa julgada (art. 5º, XXXVI), assegurando-se, em regra, a irretroatividade da lei. Todavia, a Lei Maior não institui o direito adquirido de poluir, uma vez que o próprio sistema normativo prevê a renovação das licenças ambientais. Nesses casos, no momento da renovação da licença ambiental serão incorporadas as novas exigências e restrições de ordem ambiental.

2.12.1 Termo de compromisso (TC) e termo de ajustamento de conduta (TAC)

Nos casos de licenciamento ambiental corretivo que geram sanções administrativas (primeira situação observada no tópico anterior), é possível que o Poder Público firme com o interessado um termo de compromisso que, pela sistemática da Lei de Crimes Ambientais (Lei nº 9.605/98), suspende a aplicação de multa, nos termos do art. 79-A.

Diante da responsabilidade ambiental civil, exsurge também o termo de ajustamento de conduta (TAC) para dar azo à reparação ambiental do bem lesado, sem prejuízo do delineamento das medidas mitigadoras dos impactos e/ou danos ambientais apurados tecnicamente. Colhe-se seu fundamento legal da Lei de Ação Civil Pública, Lei nº 7.347/85, art. 5º, § 6º, conforme transcrito a seguir:

> § 6º Os órgãos públicos legitimados poderão tomar dos interessados compromisso de ajustamento de sua conduta às exigências legais, mediante cominações, que terá eficácia de título executivo extrajudicial.

Podem firmar o TAC os órgãos públicos explicitados na Lei de Ação Civil Pública – Ministério Público, Defensoria Pública, União, Estados, Distrito Federal e Municípios (Boxe 2.8). O Ministério Público pode valer-se do TAC, por exemplo, em sede de inquérito civil (procedimento administrativo investigativo) ou no bojo de ação civil pública. Já os órgãos públicos legitimados poderão tomar dos interessados compromisso de ajustamento de conduta às exigências legais, mediante cominações – obrigações de dar, fazer e/ou não fazer (Lei nº 7.437/85, art. 5º, § 6º, e Lei nº 8.078/90, art. 113). Caso reste infrutífero, cabe-lhe o ajuizamento de ação civil pública, principalmente quando as medidas administrativas (de poder de polícia) não prosperam para o resultado esperado (multa, multa diária e embargo ambiental), indicando-se o acionamento da via judicial da responsabilidade civil do causador do dano ambiental.

> **Boxe 2.8**
> Denota-se que o rol de legitimados para ingressar com a ação civil pública é mais amplo, abrangendo também a associação que esteja constituída há pelo menos um ano nos termos da lei civil e inclua, entre suas finalidades institucionais, a proteção ao patrimônio público e social, ao meio ambiente, ao consumidor, à ordem econômica, à livre concorrência, aos direitos de grupos raciais, étnicos ou religiosos ou ao patrimônio artístico, estético, histórico, turístico e paisagístico (Lei nº 7.347/85, art. 5º, V).

O aludido termo terá a eficácia de título executivo extrajudicial, independentemente de homologação judicial, exceto se o acordo for proposto no curso da ação civil pública. Trata-se de transação ou acordo, que pode, inclusive, em fase processual, ensejar o seu apontamento em audiência pelo magistrado, conforme legislação processual.

Além do conteúdo coercitivo, o TAC possui também um lado pedagógico significativo, cujo efeito indireto é inibir novas condutas lesivas ao meio ambiente.

Diferença entre o TAC e os outros instrumentos jurídicos análogos

O termo de compromisso (TC) difere do TAC porque este visa aferir a responsabilidade civil e aquele, por sua vez, a responsabilidade administrativa.

Ambos também se distinguem dos termos de compromisso ambiental (TCA) e de recuperação ambiental (TCRA), porque esses dois instrumentos se realizam no momento de análise sobre o impacto ambiental em sede de licenciamento ambiental, com controle prévio ou preventivo. Já o TAC e o TC internalizam formas de recuperação do dano ambiental, em sede de atuação repressiva ou corretiva.

Em relação à pertinência da lavratura dos termos de caráter preventivo ou repressivo, aqui dispostos, têm-se duas condições a serem aferidas preferencialmente em obrigação de fazer e não fazer:
a) medidas mitigadoras, que visam eliminar ou reduzir o impacto ambiental; e
b) medidas compensatórias/reparatórias, que compensam o que não pode ser eliminado ou mitigado.

Medidas e quantificação da compensação ambiental em sede de responsabilização ambiental

Certamente, as medidas de valoração ambiental não perfazem consenso nem no direito ambiental, nem na economia ambiental e decerto, ainda causarão muita celeuma para os intérpretes e aplicadores das normas. Nesse sentido, Leite e Ayala (2014, p. 223-224) consideram que:

> trata-se de perguntas sem resposta que traga a marca da certeza absoluta. Entretanto, mesmo sem uma resposta adequada, não pode haver lesão sem consequente indenização.

Não se pode seguir, contudo, a metáfora do "leito de Procusto". Esse personagem da mitologia grega vivia numa floresta e oferecia guarida e dormida para todos os viajantes que por ali passavam, porém os acomodava em sua cama de ferro, que tinha seu próprio tamanho. Caso a pessoa fosse maior que a cama, ele cortava com um machado o que sobrava das pernas, já se a pessoa fosse menor que o leito, ele a estirava com cordas e afins.

Independentemente dessas questões, a ação humana alterando o meio ambiente causa um impacto e/ou dano ambiental. Desse modo, a ação, mesmo que em pequena escala espacial e temporal, em um ambiente já alterado ou de pequena monta, pode somar-se a outras alterações, magnificando ou mantendo outros pequenos impactos, acumulando os seus efeitos e levando a consequências imprevisíveis. Por exemplo, a retirada de vegetação – ainda que nos estágios iniciais de regeneração – e a compactação do solo podem ocasionar a diminuição de infiltração de água no solo e, consequentemente, a diminuição do volume de água disponível para a formação do lago existente nas cotas mais baixas do terreno. Além disso, uma vegetação em estágios iniciais de regeneração, ainda que em área antropizada, pode comportar um conjunto de espécies da fauna (como aves e répteis), contribuindo para o aspecto cumulativo do impacto e/ou dano ao meio ambiente.

Felizmente ou não, as questões de ordem ambiental não podem e não devem ser avaliadas como um teorema matemático no qual uma operação terá uma consequência certa e imediata, passível de comprovação inquestionável. Procura-se, para tanto, ter em mente conceitos como impactos cumulativos, sinergia, resiliência, sucessão ecológica, funções ecológicas e serviços ecossistêmicos, fundamentais para a compreensão do meio natural. E, nessa linha, o dano deve ser reparado e/ou compensado integralmente.

2.13 Estudo de Impacto Ambiental (EIA)

Trata-se de um estudo dos prováveis impactos que uma obra, empreendimento ou atividade vai ocasionar no meio ambiente em todas as suas formas (natural, urbano e cultural), cuja aprovação fica a cargo de autoridade ambiental competente.

No entendimento de Bugalho (1999, p. 19), impacto ambiental é "toda degradação do meio ambiente, traduzida esta por qualquer comportamento – de pessoa física ou jurídica – que possa causar alteração nos atributos de qualquer dos elementos constitutivos do meio ambiente". Segundo ensina Milaré (2004, p. 440), o EIA é "um estudo das prováveis modificações nas diversas características socioeconômicas e biofísicas do meio ambiente que podem resultar de um projeto proposto". Custódio (2005, p. 726) aduz:

> Como instrumento jurídico composto de elementos interdependentes e inseparáveis, de natureza preventiva, o EPIA/RIMA/AIA ou EIA/RIMA/AIA, juridicamente imposto, tem como objetivo prever, prevenir danos ambientais, visando à escolha da melhor alternativa no sentido de evitar, eliminar ou reduzir os efeitos prejudiciais de tais atividades e proporcionar o uso racional dos recursos ambientais (para sua disponibilidade permanente), no legítimo interesse presente e futuro de todos.

Por ser um estudo complexo de ordem técnica, científica e legal, normalmente é composto por vários volumes, denominados termos de referência, cada qual tratando de um aspecto específico das análises.

Seu fundamento constitucional encontra-se no art. 225, § 1º, IV, da Lei Maior (Boxe 2.9), e sua base legal está na Lei nº 6.938/81, art. 9º, III, e Resoluções Conama nº 01/86, 06/86 e 237/97.

> **Boxe 2.9**
>
> Com o julgamento procedente da Ação Direta de Inconstitucionalidade (ADI) 1086, o Supremo Tribunal Federal, guardião da Constituição Federal, nos termos do art. 102 da Lei Maior, julgou inconstitucional o artigo 182, § 3º da Constituição Estadual de Santa Catarina, em que se permitia o afastamento do EIA em casos de projetos de reflorestamento para propósitos industriais, por incompatibilidade com o art. 225, § 1º, IV da Carta Magna. (Brasil. Supremo Tribunal Federal. Pleno, ADI 1086-7/SC. Relator: Min. Ilmar Galvão, j. em 10 jun. 2001. *DJU*, 10 ago. 2001, p. 83). Anote-se que esta decisão consistiu em um marco de fortalecimento desse instrumento de gestão ambiental.

Sua finalidade precípua é evitar que a obra ou atividade gere prejuízos para o meio ambiente, ainda que traga em suas justificativas o desenvolvimento econômico e social. Para tanto, o EIA deve ser elaborado pelo empreendedor e aprovado pelo Poder Público antes da autorização da obra ou atividade.

Dessa maneira, no procedimento de licenciamento ambiental, além das análises de documentação de impacto ordinárias, outros instrumentos podem ser necessários para complementar a análise, a fim de avaliar os estudos de concepção, localização, instalação e da operação do empreendimento ou atividade. Os estudos que poderão constar desse procedimento são relativos ao meio físico (geologia, solo, hidrologia, ruído etc.), biológico (fauna e vegetação) e antrópico (paisagem urbana, tráfego, infraestrutura, pavimentação etc.).

É competência do Conama estabelecer normas gerais sobre o EIA, inclusive as normativas e os conceitos de impacto ambiental (Lei nº 6.938/81, art. 6º, II e art. 8º, I), contendo, entre outros, os seguintes itens (Decreto nº 99.274/90, art. 17, § 1º):

a) diagnóstico ambiental da área;

b) descrição da ação proposta e suas alternativas; e

c) identificação, análise e previsão dos impactos significativos, positivos e negativos.

Quando o processo de licenciamento ambiental tiver por pressuposto o EIA, esse estudo é elaborado e apresentado anteriormente à emissão da licença ambiental prévia (LP).

Trata-se de um procedimento administrativo prévio à implantação do empreendimento e ao início da atividade (Boxe 2.10), fazendo parte instrutória do requerimento de licença ambiental e sujeitando-se a três condicionantes básicos:

a) a transparência administrativa (pois libera todas as informações, salvo o sigilo industrial);
b) a consulta aos interessados (a efetiva participação da comunidade);
c) a motivação da decisão ambiental.

> **Boxe 2.10**
>
> Convida-se o leitor a conferir a ação cautelar na ação cível originária sobre o processo de licenciamento ambiental, envolvendo Estudo de Impacto Ambiental do Projeto de Integração do Rio São Francisco com Bacias Hidrográficas do Nordeste Setentrional (Brasil. Supremo Tribunal Federal. ACO nº 876 MC/BA. Relator: Min. Sepúlveda Pertence, j. em 1º fev. 2007).

Há dois princípios fundamentais do EIA: publicidade e participação comunitária.

O EIA tem por pressuposto que haja uma significativa degradação ou impacto em determinada área. Como esse conceito é subjetivo, a Resolução Conama nº 01/86, art. 2º, traz uma lista de atividades sujeitas ao EIA/Rima.

Não há invasão de autonomia do Estado e do Município à fixação pelo referido órgão federal, dada a competência comum entre os entes federativos (Constituição Federal, art. 24). Aos Estados e Município é permitido, na esfera de suas competências e nas áreas de sua jurisdição, elaborar normas supletivas ou complementares e padrões relacionados com o meio ambiente, observados os que forem estabelecidos pelo Conama (Lei nº 6.938/81, art. 6º, §§ 1º e 2º).

O EIA é elaborado por equipe multidisciplinar (Boxe 2.11) e os estudos que o embasarem devem ser realizados por profissionais legalmente habilitados (Resolução Conama nº 01/86, art. 7º). A área de influência do projeto será a bacia hidrográfica na qual se situa (Resolução Conama nº 01/86, art. 5º, III).

> **Boxe 2.11**
> O EIA será realizado por técnicos habilitados, cujas despesas ficarão por conta do proponente do projeto (Decreto nº 99.274/90, art. 17, § 2º), sendo que a responsabilidade por sua elaboração e idoneidade é do empreendedor, que responderá diretamente pelas omissões e erros na esfera cível e criminal (Lei nº 6.938/81, art. 14, § 10, e Lei nº 9.605/98, art. 68).

O empreendedor deverá apresentar estudo da área antes da implantação do projeto, abrangendo o diagnóstico ambiental da área de sua influência com completa descrição e análise dos recursos ambientais e suas interações, tal como existem, de modo a caracterizar a sua situação ambiental, considerando o meio físico, o meio biológico e os ecossistemas naturais e o meio socioeconômico (Resolução Conama nº 01/86, art. 6º, I).

O projeto a ser apresentado deverá conter a descrição da proposta e suas alternativas tecnológicas e de localização, confrontando-as com a hipótese de não se executar o projeto (Decreto nº 99.274/90, art. 17, § 10, b, e Resolução Conama nº 01/86, art. 9º, II).

As medidas para corrigir os impactos ambientais desfavoráveis se farão presentes no projeto por meio da definição das medidas mitigadoras dos impactos negativos, entre elas os equipamentos de controle e sistemas de tratamento de despejos, avaliando a eficiência de cada uma delas (Resolução Conama nº 01/86, art. 6º, III) (Boxe 2.12).

> **Boxe 2.12**
> Quando se tratar de obra federal ou que tenha recursos da União, de médio e grande porte, no seu planejamento serão considerados os efeitos de caráter ambiental, cultural e social que esses empreendimentos possam causar ao meio considerado, e, uma vez
>
> > identificados efeitos negativos, os órgãos e entidades federais incluirão, no orçamento de cada projeto ou obra, dotações correspondentes, no mínimo, a 1% do mesmo orçamento destinados à prevenção ou à correção desses efeitos. (Decreto nº 95.733/88, art. 1º, parágrafo único).

As análises do EIA culminam num juízo de valor, isto é, uma avaliação favorável ou desfavorável do projeto apresentado ao órgão ambiental competente.

É preciso lastrear-se em dados técnicos sólidos e convincentes, levando-se em conta dinâmica populacional, uso e ocupação do solo, rede de relações socioculturais, educação, saúde, lazer e recreação, além da organização social e dos resultados econômicos e os impactos na água, ar, solo, fauna e flora (Boxe 2.13).

> **Boxe 2.13**
>
> O Poder Judiciário Paulista, por meio da 11ª Vara de Fazenda Pública, acolhendo pedido do Ministério Público do Estado de São Paulo, suspendeu a execução e validade da licença relativa a obras do Programa Minha Casa Minha Vida, com a construção de prédios em uma área próxima à represa Billings, por considerar insuficientes os estudos de impacto ambiental que embasaram a emissão de LP (São Paulo. Tribunal de Justiça de São Paulo. Ação Civil Pública no 1052865-33.2014.8.26.0053, Juiz de Direito Kenichi Koyama, decisão em 18 fev. 2015).

As entidades governamentais de financiamento ou gestoras de incentivos condicionarão a sua concessão à comprovação do licenciamento ambiental (Decreto nº 99.274/90, art. 23).

A legislação não prevê competência ao Município para apreciar e aprovar o EIA. Todavia, pode demandar a execução do referido estudo no exame técnico municipal, conforme preconiza a Resolução Conama nº 01/86, arts. 5º, parágrafo único, e 6º, parágrafo único.

2.13.1 Diferenças entre o EIA e o Rima

Acompanha o EIA o relatório de impacto ambiental (Rima), que justamente consiste em um resumo do estudo ambiental, com linguagem simples e acessível, cujo objetivo é reforçar a transparência administrativa na consulta dos interessados aos documentos técnicos.

Assim, o EIA precede, abrange e abarca o Rima, uma vez que este é uma versão simplificada e resumida daquele.

2.13.2 Diferenças entre o EIA e o EIV

Segundo o Estatuto da Cidade, lei municipal definirá os empreendimentos e atividades privadas ou públicas em área urbana que dependerão de elaboração de Estudo de Impacto de Vizinhança (EIV) para obter as licenças ou autorizações de construção, ampliação ou funcionamento a cargo do Poder Público municipal (Lei nº 10.257/01, art. 36).

É importante constar que o EIV não substitui a elaboração e aprovação do EIA, requerido nos termos da legislação ambiental. A recíproca também é verdadeira, já que o EIA não supre o EIV. O Quadro 2.2 apresenta as principais diferenças entre os dois institutos.

Quadro 2.2   Diferenças entre EIA e EIV

EIA	EIV
Ambiental	Urbano
Requisito prévio para a concessão de licença ambiental.	Requisito prévio para a concessão de licenças e autorizações municipais urbanísticas
Campo de análise amplo.	Campo de análise restrito.

O EIV será executado de forma a contemplar a análise dos efeitos positivos e negativos do empreendimento ou atividade na qualidade de vida da população residente na área e em suas proximidades (Struchel, 2006).

2.14 Compensação ambiental

Pode-se definir compensação ambiental como o retorno ao meio ambiente em todas as suas formas em face de uma obra, empreendimento ou atividade que cause poluição ou sua degradação. A legislação, inclusive, prevê a compensação do dano ambiental provável (Resolução Conama nº 01/86, art. 6º, III, e art. 9º, VI). Note-se que a compensação é uma espécie de indenização, decorrente do princípio da responsabilidade objetiva ambiental (Lei nº 6.938/81, art. 14).

Embora não haja previsão legal, *mutatis mutandis*, é salutar que o EIA contemple medidas em caso de catástrofes, eis que hoje há fenômenos extraordinários recorrentes no mundo devido às interferências antrópicas na natureza.

Além dos estudos de ordem ambiental, cultural e social, a compensação se alicerça em aspectos econômicos, identificando-se os prejuízos e as vantagens, em médio e longo prazo, a exemplo da oferta de emprego, do zoneamento comercial e industrial no entorno do empreendimento, do deslocamento e da qualificação de mão de obra, do fluxo de mercadorias, da atração de novas atividades produtivas, da alocação de infraestrutura (Resolução Conama nº 01/86, art. 6º, II).

A legislação federal refere-se à compensação ambiental ou ecológica em outros momentos, ao tratar de medida compensatória (Lei nº 8.078/90, art. 84, § 1º, e Código de Processo Civil, art. 461, § 1º) para a obtenção do resultado prático correspondente em tutelas específicas em sede de demandas judiciais. Na esfera administrativa, pode-se citar a compensação ambiental decorrente da degradação da flora e da compensação da reserva legal (Lei nº 12.651/12, arts. 26, § 4º, II, 27, 41, II, e 66).

Neste ponto, chama-se a atenção para a compensação ambiental exigida pelo órgão licenciador de projetos de significativo impacto ambiental para apoio em projetos em UCs (Lei nº 9.985/00, art. 36). A medida compensatória se dá no bojo do processo de licenciamento ambiental, estipulado no EIA e, portanto, cumprido anteriormente à expedição da LP. Sobre o dever de ressarcimento de danos futuros, segue a lição de Rodrigues (2007, p. 136-137): "O que importa para existir o dever de ressarcir é que o dano seja certo, podendo ser atual ou futuro".

Com relação ao montante da referida compensação ambiental de empreendimentos de significativo impacto ambiental, foi estabelecida, à época, uma contrapartida mínima de 0,5% do total do empreendimento, valor este direcionado ao apoio da implantação e manutenção de UCs do grupo de proteção integral (Lei nº 9.985/00, art. 36). Sobre esse dispositivo legal específico, o Supremo Tribunal Federal declarou a sua inconstitucionalidade, com redução de texto, das expressões "não pode ser inferior a meio por cento dos custos totais previstos para a implantação do empreendimento" e "o percentual", constantes do § 1º do art. 36, da Lei nº 9.985/00 (Brasil. Supremo Tribunal Federal. Pleno, ADI 3378/DF. Relator: Min. Carlos Britto, j. em 9 abr. 2008. *DJU*, 20 jun. 2008, p. 242). O Tribunal Constitucional entendeu que a Lei nº 9.985/00 criou uma forma de compartilhamento das despesas com as medidas oficiais de específica prevenção em face de empreendimentos de significativo impacto ambiental. Afirmou-se que esse compartilhamento-compensação ambiental não violaria o princípio da legalidade, já que a própria lei impugnada previu o modo de financiar os gastos da espécie, nem ofenderia o princípio da harmonia e a independência dos

Poderes, uma vez que não houve delegação do Poder Legislativo ao Executivo da tarefa de criar obrigações e deveres aos administrados. Incumbiu o órgão ambiental competente fixar o montante compatível e proporcional ao grau de impacto ambiental do empreendimento analisado.

Assim é que, com a decisão do Tribunal Constitucional, o modo e o valor da cobrança da compensação ambiental ficaram a cargo do órgão licenciador.

Em seguida, com a expedição do Decreto nº 6.848/09, regulamentador da referida compensação ambiental, a metodologia de cálculo foi estabelecida pelo Poder Executivo Federal. O documento normativo disciplina que caberá ao Ibama estabelecer o grau de impacto com base em estudo prévio de impacto ambiental e respectivo relatório (EIA/Rima), momento em que considerará, exclusivamente, os impactos ambientais negativos sobre o meio ambiente. O valor da compensação ambiental será o produto de dois fatores:

a) o valor de referência (VR), que é o somatório dos investimentos necessários para implantação do empreendimento, não incluídos os investimentos referentes aos planos, projetos e programas exigidos no procedimento de licenciamento ambiental para mitigação de impactos causados pelo empreendimento, bem como os encargos e custos incidentes sobre o financiamento do empreendimento, inclusive os relativos às garantias, e os custos com apólices e prêmios de seguros pessoais e reais;

b) o grau de impacto (GI) nos ecossistemas, podendo atingir valores de 0% a 0,5%.

O texto normativo traz também, em seu anexo, a fixação de diretrizes para o cálculo do grau de impacto nos ecossistemas.

Não obstante a iniciativa de produzir critérios objetivos para se estabelecer os métodos da valoração ambiental do impacto do empreendimento, o decreto macula o princípio constitucional da proteção do meio ambiente em dois aspectos. Ao estabelecer o percentual de 0% a 0,5% de parcela da obra ou empreendimento, diminuiu o valor de patamar mínimo da compensação ambiental, permitindo-se ao agente público aplicar o patamar igual a zero (ou nada). O segundo retrocesso consiste em estabelecer como montante o valor da parcela do empreendimento (que anteriormente era o seu valor total), além de suprimir do montante os custos do licenciamento ambiental e da mitigação de impactos sobre o meio ambiente, bem como os custos financeiros.

O valor preconizado pela legislação, afastado pelo Supremo Tribunal Federal e regulamentado pelo Governo Federal, continua ensejando reavaliação como medida compensatória, dentro dos critérios da valoração ambiental, com vistas a garantir a preservação dos bens ambientais, incluindo todas as medidas agregadoras de seu impacto no entorno, pois, no nosso entender, *mutatis mutandis*, abarcam-se também as UCs de uso sustentável e outros espaços especialmente protegidos importantes para as cidades, localizadas tanto em sua área central como nas periferias, prestando serviços ambientais relevantes e visando à qualidade de vida e ao bem-estar das comunidades.

A legislação ambiental também confere uma ordem de prioridade, conforme art. 33 do Decreto nº 4.340/02.

2.15 O licenciamento ambiental em áreas verdes e unidades de conservação (UCs)

2.15.1 O licenciamento ambiental municipal e sua interferência nas áreas verdes

A competência para legislar sobre florestas é concorrente entre a União, os Estados, o Distrito Federal e os Municípios (Constituição Federal, arts. 24, VI, e 30, II), e, para preservar as florestas, fauna e flora, a competência administrativa é comum entre essas entidades (Constituição Federal, art. 23, VII).

De forma especial, a Constituição Federal estabelece que a Floresta Amazônica, juntamente com a Mata Atlântica, a Serra do Mar, o Pantanal Mato-Grossense e a Zona Costeira, são patrimônio nacional, e sua utilização ocorrerá, na forma da lei, dentro de condições que assegurem a preservação do meio ambiente, inclusive quanto ao uso dos recursos naturais (art. 225, § 4º).

A Lei Maior tutela as florestas e outras formas de vegetação no seu art. 225, § 1º, VII, e, em nível nacional, o amparo é garantido precipuamente pelo Código Florestal. Assim é que o código estabelece normas gerais sobre a proteção da vegetação, APPs e as áreas de reserva legal (RL); a exploração florestal, o suprimento de matéria-prima florestal, o controle da origem dos produtos florestais e o controle e prevenção dos incêndios florestais, prevendo instrumentos econômicos e financeiros para o alcance de seus objetivos.

Também se destacam três normas infraconstitucionais editadas pelo Conama ao especificar parâmetros de proteção das áreas verdes. A primeira, a Resolução Conama nº 302/02, visa ao estabelecimento de definições, parâmetros e limites para as APPs de reservatório artificial, assim como à instituição da elaboração obrigatória de plano ambiental de conservação e uso do seu entorno.

A segunda, a Resolução Conama nº 303/02, estabelece parâmetros, definições e limites referentes às APPs, considerando-as instrumentos de relevante interesse ambiental, que integram o desenvolvimento sustentável, objetivo das presentes e futuras gerações.

A terceira, a Resolução Conama nº 369/06, dispõe sobre casos excepcionais, de utilidade pública, interesse social ou baixo impacto ambiental, que possibilitam a intervenção ou supressão de vegetação em APP. Para fins de recuperação de áreas verdes e direcionamento de compensações ambientais nessas respectivas áreas, destaca-se o teor de seu art. 8º, em que se prevê a possibilidade de uso de APP em área urbana como área verde de domínio público, considerado um espaço que desempenha função ambiental, paisagística e recreativa, propiciando a melhoria da qualidade estética, funcional e ambiental da cidade, sendo dotado de vegetação e espaços livres de impermeabilização, cumprindo funções ecológicas e sociais concomitantemente.

Anote-se que em muitos Municípios há uma herança "maldita" que define os espaços verdes e de lazer como espaços em que o loteador não teria como usufruir de forma satisfatória para o seu empreendimento. Por esse motivo, essas áreas são, muitas vezes, alocadas em matas ciliares ou em espaços não privilegiados para o uso coletivo. Dessa maneira, em áreas urbanizadas, proceder à recuperação ambiental apenas direcionada à função ecológica não tem sido frutífero, pois constantemente esses espaços ambientais são utilizados para despejo de lixo de diversas fontes (móveis, podas de árvores, lixo orgânico etc.), alimento para gado, atividades criminosas ou até mesmo invasão de famílias socialmente excluídas.

Desse modo, a normativa permite que, conjuntamente com o plantio, se aloquem equipamentos de esporte, cultura e lazer, de forma a estimular a não invasão da área, bem como seu usufruto e preservação pela comunidade local, aliando a função social à ecológica.

Evidentemente, um projeto de recomposição deve prever vegetação com espécies nativas arbóreas ou arbustivas extraídas de levantamento florístico da região, garantindo-se predominante permeabilidade da superfície principalmente para a proteção de área da recarga de aquíferos, adequado escoamento das águas pluviais e proteção das margens dos corpos d'água.

Na mesma linha do ato normativo do Conama, a infraestrutura pública destinada a esportes, lazer e atividades educacionais e culturais ao ar livre em áreas urbanas e rurais consolidadas é considerada de interesse social pelo atual Código Florestal (Lei Federal nº 12.651/12, art. 3º, IX, "c"), sendo, portanto, possível a intervenção em APP (Lei nº 12.651/12, art. 8º) para tais fins.

Em suma, a importância da restauração de algumas APPs como praça em áreas urbanas, e não como um reflorestamento convencional (plantio com espaçamento 2 m × 3 m), tem sido qualificada por oferecer uma opção digna para prática de esporte e lazer pela população, incitando o sentimento de zelo pelo bem coletivo ambiental.

Sobre esse item ainda, cabe frisar que o objetivo é a manutenção da área verde com a função ecológica, sendo o plantio a ação principal. Os equipamentos de lazer, esporte e cultura são apenas acessórios ou complementares à vegetação do espaço ambiental.

Por fim, a quarta normativa, a Resolução Conama nº 429/11, estabelece metodologia de recuperação de APPs. Um dos pontos de destaque dessa Resolução é que a recuperação voluntária de APP com espécies nativas do ecossistema no qual ela está inserida dispensa a autorização do órgão ambiental, respeitada a metodologia de recuperação estabelecida nessa Resolução e demais normas aplicáveis. É uma forma de desburocratizar o controle do manejo e a recuperação adequada do meio ambiente degradado ou infestado por espécies exóticas, notadamente as invasoras.

2.15.2 O licenciamento ambiental municipal e sua interferência nas UCs

Aborda-se neste item a participação dos órgãos executores do Sistema Nacional de Unidade de Conservação (Snuc) nos processos de licenciamento ambiental de empreendimentos de significativo impacto ambiental, capazes de afetar as UCs ou a sua zona de amortecimento (ZA).

A Lei nº 9.985/00, ao regulamentar o art. 225, § 1º, incisos I, II, III e VII, da Constituição Federal e instituir o Snuc, conceituou UCs como

> espaços territoriais e seus recursos ambientais, incluindo as águas jurisdicionais, com características naturais relevantes, legalmente instituídos pelo Poder Público, com objetivos de conservação e limites definidos, sob regime especial de administração, ao qual se aplicam garantias adequadas de proteção. (Lei nº 9.985/00, art. 2º, I).

A União, os Estados e os Municípios podem criar UCs em seu domínio, por qualquer ato normativo, desde que precedido de estudos técnico-científicos de viabilidade e consulta pública (Boxe 2.14). Todavia, a sua extinção só pode ser feita por lei, tornando-se uma quebra do paralelismo de formas em prol do meio ambiente (Constituição Federal, art. 225, § 1º, III).

> **Boxe 2.14**
>
> Colaciona-se ementa de acórdão proferido pelo Supremo Tribunal Federal:
>
> > A Constituição do Brasil atribui ao Poder Público e à coletividade o dever de defender um meio ambiente ecologicamente equilibrado. [CB/88, art. 225, § 1º, III]. A delimitação dos espaços territoriais protegidos pode ser feita por decreto ou por lei, sendo esta imprescindível apenas quando se trate de alteração ou supressão desses espaços. Precedentes. (Brasil. Supremo Tribunal Federal. Plenário, Mandado de Segurança nº 26.064. Relator: Min. Eros Grau, j. em 17 jun. 2010. *DJe*, 6 ago. 2010).

As UCs integrantes do Snuc dividem-se em dois grupos com características específicas, a saber:

a) As unidades de proteção integral, cujo objetivo básico é preservar a natureza, sendo admitido apenas o uso indireto dos seus recursos naturais, com exceção dos casos previstos nesta lei. Esse grupo é composto das seguintes categorias de UCs: estação ecológica, reserva biológica, parque nacional, monumento natural e refúgio da vida silvestre (Lei nº 9.985/00, art. 8º).

b) As unidades de uso sustentável, cujo objetivo básico é compatibilizar a conservação da natureza com o uso sustentável de parcela dos seus recursos naturais. O referido grupo é composto das seguintes categorias de UCs: área de proteção ambiental, área de relevante interesse ecológico, floresta nacional, reserva extrativista, reserva da fauna, reserva de desenvolvimento sustentável e reserva particular do patrimônio natural (Lei nº 9.985/00, art. 14).

Infere-se que no regime de proteção integral e sustentável há UCs que admitem tanto dominialidade pública quanto privada. No escólio de Benjamin (2001, p. 55):

> aceitam a dominialidade privada, em decorrência ou da flexibilidade do regime ambiental implantado, ora de caráter espontâneo de sua criação, pelo próprio proprietário, o Monumento Natural, o Refúgio da Vida Silvestre, a Área de Proteção Ambiental, a Área de Relevante Interesse Ecológico, a Reserva de Desenvolvimento Sustentável e a Reserva Particular do Patrimônio Natural.

A legislação demanda a intervenção dos órgãos gestores de UCs nas situações disciplinadas pela Lei nº 9.985/00, art. 36, § 3º:

> Art. 36. Nos casos de licenciamento ambiental de empreendimentos de significativo impacto ambiental, assim considerado pelo órgão ambiental competente, com fundamento em estudo de impacto ambiental e respectivo relatório – EIA/RIMA, o empreendedor é obrigado a apoiar a implantação e manutenção de unidade de conservação do Grupo de Proteção Integral, de acordo com o disposto neste artigo e no regulamento desta Lei. [...]
> § 3º Quando o empreendimento afetar unidade de conservação específica ou sua zona de amortecimento, o licenciamento a que se refere o *caput* deste artigo só poderá ser concedido mediante autorização do órgão responsável por sua administração, e a unidade afetada, mesmo que não pertencente ao Grupo de Proteção Integral, deverá ser uma das beneficiárias da compensação definida neste artigo.

A Resolução Conama nº 428/10, ao regulamentar a matéria, define que:

> Art. 1º. O licenciamento de empreendimentos de significativo impacto ambiental que possam afetar Unidade de Conservação (UC) específica ou sua Zona de Amortecimento (ZA), assim considerados pelo órgão ambiental licenciador, com fundamento em Estudo de Impacto Ambiental e respectivo Relatório de Impacto Ambiental (EIA/RIMA), só poderá ser concedido após autorização

do órgão responsável pela administração da UC ou, no caso das Reservas Particulares de Patrimônio Natural (RPPN), pelo órgão responsável pela sua criação.

§ 1º Para efeitos desta Resolução, entende-se por órgão responsável pela administração da UC, os órgãos executores do Sistema Nacional de Unidade de Conservação (SNUC), conforme definido no inciso III, art. 6º da Lei nº 9.985 de 18 de julho de 2000.

§ 2º Durante o prazo de 5 anos, contados a partir da publicação desta Resolução, o licenciamento de empreendimento de significativo impacto ambiental, localizados numa faixa de 3 mil metros a partir do limite da UC, cuja ZA não esteja estabelecida, sujeitar-se-á ao procedimento previsto no *caput*, com exceção de RPPNs, Áreas de Proteção Ambiental (APAs) e Áreas Urbanas Consolidadas.

[...]

Art. 5º. Nos processos de licenciamento ambiental de empreendimentos não sujeitos a EIA/RIMA o órgão ambiental licenciador deverá dar ciência ao órgão responsável pela administração da UC, quando o empreendimento:

I – puder causar impacto direto em UC;

II – estiver localizado na sua ZA;

III – estiver localizado no limite de até 2 mil metros da UC, cuja ZA não tenha sido estabelecida no prazo de até 5 anos a partir da data da publicação desta Resolução.

§ 1º Os órgãos licenciadores deverão disponibilizar na rede mundial de computadores as informações sobre os processos de licenciamento em curso.

§ 2º Nos casos das Áreas Urbanas Consolidadas, das APAs e RPPNs, não se aplicará o disposto no inciso III.

§ 3º Nos casos de RPPN, o órgão licenciador deverá dar ciência ao órgão responsável pela sua criação e ao proprietário.

Assim, no âmbito do licenciamento ambiental é necessária a autorização do órgão responsável pela administração da UC quando os empreendimentos requererem EIA/Rima, bem como sobre a ciência do órgão responsável pela administração da UC no caso de licenciamento ambiental de empreendimentos não sujeitos a EIA/Rima. Dessa forma, essa resolução deve ser observada em caso de licenciamento de empreendimentos próximos a UCs, sendo do órgão licenciador a responsabilidade de comunicar o órgão gestor da UC.

Anote-se que a passagem pelo crivo do órgão responsável pela UC em sede de licenciamento ambiental não é uma faculdade, mas uma exigência legal que vincula a atuação do órgão licenciador, não podendo a licença ser expedida sem a concordância (no caso de empreendimento que requer EIA/Rima) ou ciência (no caso de empreendimento que dispensa referido estudo ambiental) do órgão responsável pela administração da UC.

Planos de manejo

O plano de manejo consiste em documento técnico mediante o qual são estabelecidas as normas relativas ao uso e manejo dos recursos naturais. É a lei interna da UC, assim como o edital está para a licitação, seguindo-se o princípio da precaução.

Nesse panorama, as UCs devem dispor de um plano de manejo, com as seguintes características (Lei nº 9.985/00, art. 27):

> § 1º O Plano de Manejo deve abranger a área da unidade de conservação, sua zona de amortecimento e os corredores ecológicos, incluindo medidas com o fim de promover sua integração à vida econômica e social das comunidades vizinhas.
>
> § 2º Na elaboração, atualização e implementação do Plano de Manejo das Reservas Extrativistas, das Reservas de Desenvolvimento Sustentável, das Áreas de Proteção Ambiental e, quando couber, das Florestas Nacionais e das Áreas de Relevante Interesse Ecológico, será assegurada a ampla participação da população residente.
>
> § 3º O Plano de Manejo de uma unidade de conservação deve ser elaborado no prazo de cinco anos a partir da data de sua criação.

Zona de amortecimento (ZA)

A ZA é o entorno da UC (Lei nº 9.985/00, art. 2º), cuja finalidade precípua é estabelecer um espaço de transição entre o entorno e a UC (Lei nº 9.985/00, art. 25).

Na envoltória das UCs, estabelece-se uma série de atividades que podem causar impactos à área ambiental que se deseja conservar. Este é o principal objetivo do plano de manejo: diagnosticar impactos, estabelecer restrições, condicionantes e recomendações que minimizem os efeitos do uso da terra no entorno e incentivem práticas compatíveis com o fim da UC. Tais posicionamentos irão influenciar diretamente no licenciamento ambiental das obras, empreendimentos e atividades nesta área específica. Para conhecer uma experiência de conflitos em sede de plano de manejo e ZA em uma UC em área urbana no processo de licenciamento ambiental, conferir Struchel e Guirao (2012, p. 51).

Corredores ecológicos

São porções de ecossistemas que ligam UCs nos termos dos arts. 2º, XIX e 25 da lei do Snuc.

Quando houver fragmentos e outras UCs próximas à UC objeto do plano de manejo, esse documento pode, por meio do estabelecimento de corredores ecológicos, estabelecer uma conexão entre esses espaços ambientais.

2.16 O licenciamento ambiental municipal e sua interferência nos recursos hídricos

Elemento natural essencial e reconhecidamente frágil, principalmente em período de escassez mundial, a água recebe um regime especial no ordenamento jurídico.

Neste item, descreve-se o estabelecimento dos procedimentos de licenciamento ambiental, em que se condicionam a manifestação prévia e outorga de direito de uso de recursos hídricos pelos órgãos estaduais ou federais em prol do controle desse bem ambiental. Para tanto, passa-se a discorrer sobre a dominialidade das águas.

As águas, estejam nos espaços públicos ou privados, são todas de categoria pública, bem ambiental de uso de todos, nos moldes do seu art. 225 da Constituição Federal. Conforme ensina Silva (2010, p. 121), a água é um bem insuscetível de apropriação privada, por ser indispensável à vida.

Pertencem à União lagos, rios e qualquer corrente de água em terrenos de seu domínio ou que banhem mais de um Estado, sirvam de limites com outros países ou se estendam a território estrangeiro ou dele provenham (Constituição Federal, art. 20, III), assim como o mar territorial (Constituição Federal, art. 20, VI) e os potenciais de energia hidráulica (Constituição Federal, art. 20, VIII e art. 176).

Pertencem aos Estados as águas superficiais ou subterrâneas, fluentes, emergentes e em depósito, ressalvadas as decorrentes de obras da União (Constituição Federal, art. 26, I).

A Constituição não menciona águas de domínio do Município, o que restringe o órgão licenciador municipal nesse aspecto do licenciamento, uma vez que deve aguardar as outorgas do recurso hídrico dos entes federal e estadual para a continuidade de seu processo de licenciamento ambiental. Dessa forma, o art. 29 do Código de Águas (Decreto Federal nº 24.643/34) não tem mais aplicação. Conferir Carvalho Filho (2007, p. 1024) e Pietro (1999, p. 570).

A competência para legislar sobre águas é privativa da União, conforme o art. 22, IV, da Constituição Federal. Todavia, seu art. 24, VI, refere-se à competência concorrente entre a União, os Estados e o Distrito Federal (e art. 30, I, no caso dos Municípios), o que faz concluir que a competência pode ser escalonada conforme o interesse do ente federativo. Note-se que os Municípios podem legislar sobre a temática dentro de seus territórios, por meio, por exemplo, de Política e Plano Municipal de Recursos Hídricos, podendo interferir nas condicionantes do processo de licenciamento ambiental.

No tocante à competência material ou administrativa, ela é comum (Constituição Federal, art. 23, VI) e deverá ser verificada ainda que o ente federativo não tenha exercido a sua competência legislativa.

Na classificação das águas no ordenamento jurídico, utilizam-se vocábulos que expressam conceitos decorrentes de classificações distintas presentes nas normas que regulamentam as águas, a saber:

i) Quanto à localização das águas relativamente ao solo:
   a) águas subterrâneas: são as águas que constituem os lençóis freáticos localizados debaixo da terra, ou seja, ou no subsolo (Constituição Federal, art. 26, I, e Lei nº 6.938/81, art. 3º, V);
   b) águas superficiais: são as que se situam na superfície da terra. Subdividem-se em:
      ▷ águas internas: aquelas que se situam no interior dos espaços territoriais nacionais (rios, lagos, pantanais etc.);
      ▷ águas externas: aquelas que circundam as linhas divisórias dos espaços territoriais nacionais (mar territorial, alto mar e águas contíguas);
      ▷ águas fluentes: águas correntes, ou seja, as águas que fluem;
      ▷ águas emergentes: águas que emergem do solo de forma permanente, conformando-se em depósitos aquáticos

(lagos ou pântanos), sem possuírem, no entanto, fluência ou formação de correntes (Constituição Federal, art. 26, I).
ii) Quanto ao uso preponderante (conferir teor da Resolução Conama nº 357/05):
   a) doce, que é a água com salinidade igual ou inferior a 0,5‰;
   b) salobra, que é a água com salinidade superior a 0,5‰ e inferior a 0,30‰;
   c) salina, que é água com salinidade igual ou superior a 0,30‰.

Em relação a sua gestão, o regime jurídico das águas internas sofreu radical transformação com a promulgação da Lei nº 9.433/97, a qual institui a Política Nacional de Recursos Hídricos e cria o Sistema Nacional de Gerenciamento de Recursos Hídricos. Inspirada no modelo francês, essa lei permite gestão participativa e descentralizada dos recursos hídricos, primando pela sustentabilidade do seu uso, de forma racional, e sua proteção, fundamentando-se com uma Política de Recursos Hídricos (Barros, 2005).

A Política Nacional dos Recursos Hídricos baseia-se nos seguintes fundamentos:
a) a água é um bem de domínio público;
b) a água é um recurso natural limitado, dotado de valor econômico;
c) em situações de escassez, o uso prioritário dos recursos hídricos é o consumo humano e a dessedentação de animais (art. 1º).

A Política Nacional de Recursos Hídricos tem como desiderato assegurar à atual e às futuras gerações a necessária disponibilidade de água, em padrões de qualidade adequada aos respectivos usos (art. 2º, I).

Dessa forma, em período de escassez, a disponibilidade hídrica pode interferir na concessão ou não de uma licença ambiental, especialmente para empreendimentos que fazem uso abundante desse recurso natural.

Note-se que a outorga dos direitos de uso de recursos hídricos consiste em ferramenta da Política Nacional de Recursos Hídricos (Lei nº 9.433/97, art. 5º), e normalmente essas outorgas são internalizadas no processo de licenciamento ambiental como condicionantes.

A Resolução CNRH nº 65/06, que estabelece diretrizes de articulação dos procedimentos para obtenção da outorga de direito de uso de recursos hídricos com os procedimentos de licenciamento ambiental, define que para a obtenção da LP deve-se exigir a manifestação prévia, requerida pelo empreendedor ou interessado e não havendo manifestação prévia ou ato correspondente. A outorga de direito de uso de recursos hídricos deverá ser apresentada para a obtenção da LI (art. 4º). Já para a obtenção da LO, deve-se apresentar ao órgão licenciador a outorga de direito de uso de recursos hídricos (art. 5º) da LP para a emissão da LI ou condição prévia para a emissão de Autorização Ambiental para intervenção em APPs.

A Lei nº 9.433/97 estabelece que o regime de outorga de direitos de uso de recursos hídricos visa assegurar o controle quantitativo e qualitativo dos usos da água e o efetivo exercício dos direitos de acesso à água (art. 11). É um instrumento por meio do qual o Poder Público atribui ao interessado, público ou privado, o direito de utilizar privativamente o recurso hídrico (Granziera, 2002, p. 152). A outorga não implica a alienação parcial das águas, que são inalienáveis, mas o simples direito de seu uso (art. 18).

Estão sujeitos à outorga a derivação ou captação de parcela de corpo de água, a extração de aquífero subterrâneo, o lançamento em corpo de água de esgotos e outros resíduos e o aproveitamento de potenciais hidrelétricos (Lei nº 9.433/97, art. 12).

Outra estrutura que pode interferir no processo de licenciamento ambiental são os Comitês das Bacias Hidrográficas, órgãos colegiados que têm como área de atuação a totalidade de uma bacia hidrográfica; sub-bacia hidrográfica de tributário do curso de água principal da bacia, ou de tributário desse tributário; ou grupo de bacias ou sub-bacias hidrográficas contíguas (Lei nº 9.433/97, art. 19).

Os referidos comitês têm as seguintes competências:
I) promover o debate das questões relacionadas a recursos hídricos e articular a atuação das entidades intervenientes;
II) arbitrar, em primeira instância administrativa, os conflitos relacionados aos recursos hídricos;
III) aprovar o Plano de Recursos Hídricos da bacia;
IV) acompanhar a execução do Plano de Recursos Hídricos da bacia e sugerir as providências necessárias ao cumprimento de suas metas;
V) propor ao Conselho Nacional e aos Conselhos Estaduais de Recursos Hídricos as acumulações, derivações, captações e lançamentos de pouca expressão, para efeito de isenção da obrigatoriedade de outorga de direitos de uso de recursos hídricos, de acordo com os domínios destes;
VI) estabelecer os mecanismos de cobrança pelo uso de recursos hídricos e sugerir os valores a serem cobrados; [...]

IX) estabelecer critérios e promover o rateio de custo das obras de uso múltiplo, de interesse comum ou coletivo. (Lei nº 9.433/97, art. 38).

Esses órgãos colegiados podem criar câmaras temáticas para deliberar sobre empreendimentos que possam impactar na gestão de recursos hídricos.

Também a agência reguladora do setor, a Agência Nacional de Águas (ANA) – autarquia sob regime especial, com autonomia administrativa e financeira, vinculada ao Ministério do Meio Ambiente, nos termos da Lei nº 9.984/00 –, tem por função:

a) estabelecer regras para utilização da água fluviais e lacustres de domínio da União, garantindo quantidade e qualidade para usos múltiplos;
b) implantar o Sistema Nacional de Gerenciamento de Recursos Hídricos;
c) contribuir na busca de solução para dois graves problemas do país: as secas prolongadas, especialmente no Nordeste, e a poluição dos rios;
d) implementar e executar e a Política Nacional de Recursos Hídricos em harmonia com os órgãos e entidades que integram o Sistema Nacional de Gerenciamento de Recursos Hídricos, os instrumentos de gerenciamento (entre eles, a outorga preventiva e de direito de uso de recursos hídricos, a cobrança pelo uso da água e a fiscalização desses usos).

Dessa forma, a ANA pode interferir na outorga de rios de domínio nacional.

3 Peculiaridades do licenciamento ambiental municipal

Os Municípios desenvolvem dois tipos de estudos em sede de licenciamento ambiental:

a) quando a competência é sua e, portanto o impacto ambiental é de ordem local (por deliberação do órgão estadual do meio ambiente) ou mediante convênio ou em caráter suplementar;
b) quando a competência afeta aos outros entes federativos.

No primeiro caso, emitem as licenças ambientais (prévia, de instalação e operação) e autorização e, no segundo, a Certidão de Uso do Solo e o exame técnico municipal (ETM).

Segundo observa Milaré (2007, p. 406):

> Ao contrário do licenciamento tradicional, marcado pela simplicidade, o licenciamento ambiental é ato uno, de caráter complexo, em cujas etapas podem intervir vários agentes dos diversos órgãos do SISNAMA, e que deverá ser precedido de estudos técnicos que se subsidiem sua análise, inclusive EIA/RIMA, sempre que constatada a significância do impacto ambiental.

Dessa forma, os órgãos integrantes do Sisnama (incluindo o Município) sempre se manifestarão em processos de licenciamento ambiental, dentro do interesse local, com o intuito de subsidiar o licenciamento ambiental a cargo do orgão ambiental competente.

3.1 Medidas de cooperação por meio de atuação supletiva, subsidiária ou delegada

Não obstante exista a possibilidade de exercer a competência plena do licenciamento ambiental municipal local, a realidade dos Municípios brasileiros é heterogênea: uns apresentam órgãos ambientais capacitados, legislação ambiental sólida, processos de informatização e boa interface com a sociedade por meio dos conselhos municipais de meio ambiente, já outros ainda apresentam carência de estrutura e gestão na área.

Diante desse panorama, a Lei Complementar nº 140/11 se preocupou em abarcar as duas situações: no caso de delegação, podendo-se aumentar e fomentar o licenciamento ambiental, e no caso de atuação supletiva e subsidiária, quando o ente é hipossuficiente em sua estrutura de gestão ambiental.

3.1.1 Atuação supletiva para superar falta de estrutura, inércia ou ineficiência do órgão ambiental municipal

Em caso de inexistência de órgão ambiental executor capacitado ou conselho ambiental ou, ainda, de atraso injustificado no procedimento de licenciamento imputável ao órgão ambiental licenciador, o outro ente federativo (no caso, de maior abrangência) atuará em caráter supletivo (art. 15).

O objetivo é não deixar a obra, o empreendimento ou as atividades descobertos do processo de licenciamento ambiental, primeiro para melhor proteger o bem maior, o meio ambiente, e, segundo, para garantir o cumprimento do serviço estatal adequadamente, o que afasta a intenção de clandestinidades ou irregularidades.

3.1.2 Atuação subsidiária para suplantar carência de capacitação plena ou eficiência do órgão ambiental municipal

Também é possível a atuação subsidiária, que consiste na ação do ente federativo visando auxiliar no desempenho das atribuições decorrentes das competências comuns, quando solicitado pelo outro ente federativo, originariamente detentor das atribuições licenciadoras. Essa atuação subsidiária ocorre por meio de apoio técnico, científico, administrativo ou financeiro (art. 16). Novamente, sem avocar a competência dos entes, como se afigura no caso da supletividade, aqui há medidas que auxiliam o ente federativo sob vários aspectos relacionados à *expertise* ou experiências do órgão mais capacitado ou com auxílio de gestão pública.

3.1.3 A possível delegação de competências dos entes federativos ao Município

Antes da Lei Complementar nº 140/11, os Estados se serviam de convênios para delegar o licenciamento e a fiscalização ambiental de obras, empreendimentos e atividades de impacto local. O Estado de São Paulo, por exemplo, firmou vários convênios com os Municípios, a fim de lhes repassar o licenciamento de obras, empreendimentos e atividades de impacto local, mesmo com a edição de Deliberação do Consema, à época, a de nº 33/09. Com o teor da nova lei, no entanto, agora basta um comunicado ao Conselho Estadual para o exercício das atividades de cunho licenciador.

Nessa linha é a redação do art. 5º da Lei Complementar nº 140/11:

> Art. 5º. O ente federativo poderá delegar, mediante convênio, a execução de ações administrativas a ele atribuídas nesta Lei Complementar, desde que o ente destinatário da delegação disponha de órgão ambiental capacitado a executar as ações administrativas a serem delegadas e de conselho de meio ambiente.
> Parágrafo único. Considera-se órgão ambiental capacitado, para os efeitos do disposto no *caput*, aquele que possui técnicos próprios ou em consórcio, devidamente habilitados e em número compatível com a demanda das ações administrativas a serem delegadas.

Denota-se pela normativa citada a forte tendência à descentralização (ou municipalização) do licenciamento ambiental, afigurando-se inúmeros casos de Municípios que investem na estruturação da gestão ambiental local a fim de cuidar do controle ambiental, realizado por meio do licenciamento e da fiscalização, de forma a dar vazão às demandas inerentes a eles.

3.2 O papel do Município quando o licenciamento ambiental é de competência de outros entes federativos

O Município, a fim de subsidiar o licenciamento ambiental a cargo da União ou do Estado, informa as normas e considerações técnicas de ordem local, por meio da Certidão de Uso do Solo e do ETM, conforme artigo 13, § 1º da Lei Complementar nº 140/11 e arts. 4º, § 1º, 5º, parágrafo único, e 10, § 1º, da Resolução Conama nº 237/97, encaminhando o interessado para obtenção do licenciamento ambiental junto ao órgão estadual ou federal competente. Evidentemente, quando a competência licenciatória pertencer ao ente municipal, não há que se falar na expedição do ETM para obtenção da licença ambiental municipal, porque os estudos locais serão dirigidos nas análises da LP, LI e LO.

Os dois documentos municipais citados (Certidão de Uso do Solo e ETM) não substituem um ao outro, por cumprirem funções distintas e complementares (informação de ordem urbana e ambiental). De qualquer sorte, ambos os documentos municipais informam ao outro ente federativo as peculiaridades locais, em consonância com a Lei Complementar nº 140/11:

> Art. 3º. Constituem objetivos fundamentais da União, dos Estados, do Distrito Federal e dos Municípios, no exercício da competência comum a que se refere esta Lei Complementar: [...]
> IV – garantir a uniformidade da política ambiental para todo o País, respeitadas as peculiaridades regionais e locais.

3.2.1 Exame técnico municipal (ETM)

Como visto alhures, o ordenamento jurídico optou pelo licenciamento único, ou seja, conduzido e decidido por apenas um órgão estatal. A razão é clara: visa-se expurgar competições ou celeumas entre entes federativos sobre a decisão de uma obra, atividade ou empreendimento. Por isso, a Lei Complementar nº 140/11 repartiu de forma clara as competências ambientais, não por extensão do impacto, como se aferia da Resolução Conama nº 237/97, mas elegendo o critério de localização.

Nessa linha, o exame técnico emitido pelo órgão ambiental municipal visa, por meio de medida de cooperação, garantir o respeito às peculiaridades ambientais locais em procedimento de licenciamento ambiental a cargo de outros entes federativos.

Evidentemente, o órgão ambiental estadual ou federal não precisa conhecer todas as especificidades do Município, razão pela qual o documento garante essa informação indispensável para a continuidade do licenciamento ambiental sob a sua condução. Informar e indicar restrições, medidas condicionantes e mitigadoras não significa licenciar conjuntamente, mas municiar o órgão licenciado de informações complementares, de ordem local. Assim é que a Lei Complementar nº 140/11 retira o caráter vinculante do documento municipal em art. 13, § 1º:

> Art. 13. Os empreendimentos e atividades são licenciados ou autorizados, ambientalmente, por um único ente federativo, em conformidade com as atribuições estabelecidas nos termos desta Lei Complementar.

§ 1º Os demais entes federativos interessados podem manifestar-se ao órgão responsável pela licença ou autorização, de maneira não vinculante, respeitados os prazos e procedimentos do licenciamento ambiental.

A Resolução Conama nº 237/97 estabelece a expedição do ETM em duas oportunidades: para instrução do Ibama, autarquia federal competente para licenciar as obras, empreendimentos e atividades federais e às Secretarias, companhias, autarquias ou fundações estaduais:

> Art. 4º. Compete ao Instituto Brasileiro do Meio Ambiente e dos Recursos Naturais Renováveis – IBAMA, órgão executor do SISNAMA, o licenciamento ambiental, a que se refere o art. 10 da Lei nº 6.938, de 31 de agosto de 1981, de empreendimentos e atividades com significativo impacto ambiental de âmbito nacional ou regional, a saber: [...]
> § 1º O IBAMA fará o licenciamento de que trata este artigo após considerar o exame técnico procedido pelos órgãos ambientais dos Estados e Municípios em que se localizar a atividade ou empreendimento, bem como, quando couber, o parecer dos demais órgãos competentes da União, dos Estados, do Distrito Federal e dos Municípios, envolvidos no procedimento de licenciamento.
> Art. 5º. Compete ao órgão ambiental estadual ou do Distrito Federal o licenciamento ambiental dos empreendimentos e atividades: [...]
> Parágrafo único. O órgão ambiental estadual ou do Distrito Federal fará o licenciamento de que trata este artigo após considerar o exame técnico procedido pelos órgãos ambientais dos Municípios em que se localizar a atividade ou empreendimento, bem como, quando couber, o parecer dos demais órgãos competentes da União, dos Estados, do Distrito Federal e dos Municípios, envolvidos no procedimento de licenciamento.

Muito se tem observado exames técnicos municipais com descrições sumárias de acolhimento ou não oposição à obra, atividade ou empreendimento, ou até mesmo vedações desmotivadas, normalmente calcadas de cunho político. Todavia, há que se ressaltar que o exame, como a própria terminologia sinaliza, é técnico, devendo angariar pareceres técnicos de agentes envolvidos no processo de controle ambiental do Município. Nesse sentido, recomenda-se que antes da emissão do documento ambiental, este seja, se possível, precedido de uma análise multidisciplinar (envolvendo Biologia, Engenharia, Direito, entre outras) retratada em parecer técnico ambiental e, caso o Município tenha Conselho de Meio Ambiente, com base no princípio da participação e eficiência, da oitiva da sociedade, como forma de melhor acolhimento daquela intervenção no território.

O ETM consiste numa excelente e singular oportunidade para o Município elencar suas condicionantes, restrições e dialogar com a sociedade (comumente representada pelos Conselhos Municipais de Meio Ambiente) sobre os aspectos e impactos ambientais da obra, empreendimento ou atividade. Bem como para o empreendedor, que conhecerá de antemão a realidade municipal na qual conduzirá sua atividade ou empreendimento.

3.2.2 Certidão de Uso do Solo

A Certidão de Uso do Solo, prevista no art. 10, § 1º da Resolução Conama nº 237/97, possui base constitucional estabelecida pelo art. 30, VIII, que confere ao Município a competência para promover adequado ordenamento territorial, mediante planejamento e controle do uso, do parcelamento e da ocupação do solo urbano. Transcreve-se o teor do dispositivo:

> Art. 10. O procedimento de licenciamento ambiental obedecerá às seguintes etapas: [...]
> § 1º No procedimento de licenciamento ambiental deverá constar, obrigatoriamente, a certidão da Prefeitura Municipal, declarando que o local e o tipo de empreendimento ou atividade estão em conformidade com a legislação aplicável ao uso e ocupação do solo e, quando for o caso, a autorização para supressão de vegetação e a outorga para o uso da água, emitidas pelos órgãos competentes.

Diferentemente do ETM, a Certidão de Uso do Solo não consiste em um exame técnico aprofundado, mas apenas numa declaração simples indicando se a obra, empreendimento ou atividade está em consonância com a legislação urbanística municipal.

A Certidão de Uso do Solo também destoa do ETM por ter caráter vinculante, eis que atesta se a localização da obra, empreendimento ou atividade está conforme o Plano Diretor, Lei de Uso e Ocupação do Solo ou outra norma de cunho urbanístico municipal.

Convém apontar aqui também que a certidão deve ser motivada com base na legislação e, do mesmo modo, não pode cunhar aspectos políticos ou partidários a fim de criar celeumas desnecessárias entre os entes federativos, sob pena de sua nulidade e responsabilização dos agentes envolvidos, por falta de observância aos princípios constitucionais da legalidade, razoabilidade, motivação, moralidade, entre outros.

3.3 O papel do Município no licenciamento ambiental do parcelamento do solo

A principal ocupação urbana de impacto que o Município não licencia ambientalmente, em regra, são os loteamentos urbanos, emitindo somente, quanto à análise ambiental, o exame técnico que municia o Estado em sua competência para o licenciamento ambiental dessa tipologia de parcelamento do solo, não obstante o licenciamento urbanístico fique a cargo do ente municipal.

O parcelamento do solo para fins rurais é regulado pelo Direito Agrário, sujeitando-se ao disciplinado pelo Estatuto da Terra (Lei nº 4.504/64) e às normas suplementares do Instituto Nacional de Colonização e Reforma Agrária (Incra), autarquia federal vinculada ao Ministério da Agricultura, nos termos da Lei nº 1.110/70. Quando para fins urbanos, destina-se a integrar a gleba na cidade, permitindo que ela passe a ter usos urbanos (residencial, comercial, industrial, institucional ou serviços), cuja regulação se dá pela Lei nº 6.766/79.

Essa lei dispõe que o parcelamento do solo para fins urbanos poderá ser feito mediante loteamento ou desmembramento, cuja definição é oferecida pela própria norma, a saber:

> Considera-se loteamento a subdivisão de gleba em lotes destinados a edificação, com abertura de novas vias de circulação, de logradouros públicos ou prolongamento, modificação ou ampliação das vias existentes.
>
> Considera-se desmembramento a subdivisão de glebas em lotes destinados a edificação, com aproveitamento do sistema viário existente, desde que não implique na abertura de novas vias e logradouros públicos, nem no prolongamento, modificação ou ampliação dos já existentes. (Lei nº 6.766/79, art. 2º, §§ 1º e 2º).

Comparam-se, a seguir, algumas definições doutrinárias de desmembramento e loteamento urbano. Silva (2000, p. 318) apresenta definição de loteamento na qual agrega o seu principal procedimento:

> Loteamento é o meio de urbanização e só se efetiva por procedimento voluntário e formal do proprietário da gleba, que planeja a sua divisão e a submete à aprovação da Prefeitura, para subsequente inscrição no Registro Imobiliário, transferência gratuita de áreas das vias públicas e espaços livres ao Município e a alienação dos lotes aos interessados.

Assim, o loteamento convencional está subordinado a uma legislação específica, não se afastando a iniciativa dos entes estaduais e municipais. Note-se que o art. 1º da lei em questão afirma que tal diploma regula o parcelamento do solo para fins urbanos e que os Estados, o Distrito Federal e os Municípios podem estabelecer normas complementares relativas ao tema.

Entende-se por parcelamento do solo para fins urbanos os parcelamentos destinados a residência, comércio, serviço ou indústria, ou melhor, todos aqueles não relacionados diretamente à produção agropecuária ou à recreação em áreas rurais.

Cumpre apontar que parcelamentos destinados exclusivamente a residência, comércio, serviço ou indústria implantados em área rural contrariam o que reza o *caput* do art. 3º da Lei nº 6.766/79, o qual somente admite o parcelamento do solo para fins urbanos em zonas urbanas, de expansão urbana ou de urbanização específica, assim definidas pelo Plano Diretor ou aprovadas por lei municipal (Boxe 3.1).

A área urbana, por sua vez, subdivide-se em área urbanizada e área urbanizável. A área urbanizada corresponde à porção da área urbana com infraestrutura básica e equipamentos comunitários instalados e em funcionamento. A área urbanizável corresponde à porção da área urbana, ainda não urbanizada, que reúne condições legais de utilização para fins urbanos e onde seja técnica e economicamente viável a instalação e manutenção de infraestrutura básica e equipamentos comunitários.

Gleba é a área de terreno que ainda não foi objeto de loteamento ou desmembramento regular, isto é, aprovado e registrado. Após o registro do parcelamento, o imóvel deixa de existir juridicamente como gleba e passa a existir juridicamente como área loteada, composta de lotes e áreas públicas (vias de circulação, praças e outros espaços livres, áreas destinadas a equipamentos urbanos e comunitários etc., constantes do projeto e do memorial descritivo).

> **Boxe 3.1 Jurisprudência de interesse**
> Sobre a proibição de implantação de sítios e chácaras de recreio fora da zona de expansão urbana:
>
>> Parcelamento de imóvel situado em zona rural para fins urbanos – Inadmissibilidade – Aprovação pelo Dec.-lei 58/37 – Inexistência da infraestrutura necessária – Anulação – Ressalva de novo pedido, nos termos legais – Aplicação da Lei 6.766/79. Há, em princípio, vedação ao parcelamento do solo para fins urbanos quando não esteja o imóvel em zona urbana ou de expansão urbana, assim definida em legislação municipal. Não será possível a alteração do solo rural para fins urbanos se, em ato complexo, não se opuserem o INCRA e quando houver o órgão metropolitano, cabendo à Prefeitura Municipal a sua aprovação. Núcleos urbanos e sítios de lazer, vale dizer, se objetivados para loteamento de solo rural, configuram parcelamentos para fins urbanos, pois que no conceito de imóvel rural já está a exploração extrativa, agrícola, pecuária ou agroindustrial (Art. 4º, I, do Estatuto da Terra – Lei 4.504, de 30.11.64). (São Paulo. Tribunal de Justiça do Estado de São Paulo. 2ª Câm. Civ., AC 78.282-2/S. José dos Campos. Relator: Des. Carlos Ortiz).

Segundo o art. 2º da Lei nº 6.766/79, considera-se lote o terreno servido de infraestrutura básica cujas dimensões atendam aos índices urbanísticos definidos pelo Plano Diretor ou lei municipal para a zona em que se situe. No mesmo dispositivo legal, ficam estabelecidos como integrantes da infraestrutura básica os equipamentos urbanos de escoamento de águas pluviais, iluminação pública, redes de esgoto sanitário e abastecimento de água potável, redes de energia elétrica e domiciliar e as vias de circulação.

Nessa linha, um terreno sem a infraestrutura exigida legalmente não é lote. Cabe apontar, no entanto, que os equipamentos componentes da definição de infraestrutura básica não constituem, sempre, obras a cargo do loteador. A Lei nº 6.766/79, em seu art. 18, inciso V, dispõe que as obras mínimas a cargo do loteador são: a) a execução das vias de circulação; b) a demarcação dos lotes, quadras e logradouros; e c) as obras de escoamento de águas pluviais. É importante constar que o rol aqui mencionado pode ser ampliado por meio de legislação estadual ou municipal.

Sobre o tema infraestrutura, merece ser também mencionado o § 6º do art. 2º da Lei de Parcelamento de Solo Urbano, o qual estabelece que a infraestrutura básica dos parcelamentos situados em zonas habitacionais declaradas por lei como de interesse social (Zhis) consiste em, no mínimo: a) vias de circulação; b) escoamento de águas pluviais; c) rede para o abastecimento de água potável; e d) soluções para o esgotamento sanitário e para a energia elétrica domiciliar. Nesse dispositivo legal, denota-se a intenção do legislador de diminuir o custo dos lotes direcionados à população de baixa renda. Para os lotes situados nessas áreas, a lei deixa de requerer a iluminação pública e contenta-se apenas com soluções para o esgotamento sanitário e para a energia elétrica domiciliar.

3.3.1 Requisitos urbanísticos para os loteamentos urbanos

A Lei nº 6.766/79 exige a previsão de áreas públicas, destinadas a sistemas de circulação, implantação de equipamentos urbanos e comunitários, bem como a espaços livres de uso público, as quais devem ser proporcionais à densidade de ocupação prevista pelo Plano Diretor ou aprovada por lei municipal para a respectiva zona. A redação original da lei previa a reserva para esse fim de não menos que 35% da gleba, salvo nos loteamentos destinados a uso industrial com lotes maiores que 15.000 m², mas essa norma não está mais em vigor, e houve a supressão do percentual mínimo pela Lei nº 9.785/99, podendo os Municípios suplementar a omissão do legislador federal.

O art. 17 da Lei de Parcelamento do Solo Urbano dispõe que as áreas públicas não podem ter sua destinação alterada pelo loteador, a partir da aprovação do projeto, salvo nas hipóteses de caducidade da licença ou, na forma da lei, de desistência do loteador. O art. 22, por seu turno, estabelece que, desde a data de registro do loteamento, passam a integrar o domínio do Município as vias e praças, os espaços livres e as áreas destinadas a edifícios públicos e outros equipamentos urbanos, constantes do projeto e do memorial descritivo.

No rol dos requisitos urbanísticos, a Lei nº 6.766/79 exige lotes com área mínima de 125 m² e frente mínima de 5 m, salvo nos loteamentos destinados à urbanização específica ou edificação de conjuntos habitacionais de interesse social previamente aprovados pelos órgãos competentes.

Exige, outrossim, a reserva de faixa não edificável (*non aedificandi*) de 15 m ao longo de rodovias e ferrovias (art. 4º). No caso da faixa ao longo de águas correntes e dormentes, valem as determinações do Código Florestal (Lei nº 12.651/12), e não da Lei nº 6.766/79. No caso de dutos ou dutovias, a metragem da faixa não edificável ficará a cargo do licenciamento ambiental, observados critérios e parâmetros que garantam a segurança da população e a proteção do meio ambiente, conforme estabelecido nas normas técnicas pertinentes (art. 4º, § 3º). De qualquer sorte, a preservação de faixas não edificável é salutar, como comprova a tragédia ocorrida em Vila Socó, favela localizada no Município de Cubatão (SP), em 1984, onde houve explosão de um oleoduto que abastece a refinaria Presidente Bernardes (Petrobrás).

Sobre o sistema viário, o indigitado diploma federal exige que as vias do loteamento sejam articuladas com as vias adjacentes oficiais, existentes ou projetadas, e harmonizadas com a topografia local.

Além desses requisitos constantes de seu art. 4º, a Lei nº 6.766/79 explicita que a legislação municipal deve estabelecer usos permitidos e índices urbanísticos de parcelamento e ocupação do solo, naturalmente com exigências mais rígidas que as constantes na legislação federal ou estadual, e que o Poder Público competente, na maioria dos casos a Prefeitura, pode exigir a reserva de faixa não edificável destinada a equipamentos urbanos (abastecimento de água potável, serviços de esgotamento sanitário, energia elétrica, coleta de águas pluviais, rede telefônica e gás canalizado).

3.3.2 Procedimento administrativo do loteamento urbano

Aborda-se, neste ponto, as etapas para implantação de um parcelamento urbano.

Diretrizes urbanísticas e ambientais

A primeira fase é a definição de diretrizes pela municipalidade (arts. 6º a 8º da Lei nº 6.766/79). Cabe à Prefeitura Municipal definir diretrizes prévias a respeito de uso do solo, traçado dos lotes, sistema viário, espaços livres e áreas reservadas para equipamentos urbanos e comunitários. O prazo máximo de validade para as diretrizes expedidas é de quatro anos. Observa-se que os Municípios com menos de 50.000 habitantes e aqueles cujo Plano Diretor contém diretrizes de urbanização para a zona em que se situa o parcelamento podem dispensar, por lei, essa fase do procedimento administrativo da Lei nº 6.766/99.

Em harmonia com o licenciamento ambiental, o ETM pode ser expedido logo após a definição das diretrizes urbanas e ambientais estabelecidas, agregando as informações técnicas tanto do órgão ambiental quanto dos urbanos (distribuição das áreas verdes e de praças, espaços para equipamentos públicos comunitários e urbanos, uso do solo, sistema viário e demais infraestrutura urbana etc.).

Apresentação do projeto

Após a definição de diretrizes urbanas e ambientais, tem-se a segunda fase com a apresentação do projeto (Lei nº 6.766/79, art. 9º). São apresentados os desenhos técnicos, o memorial descritivo e o cronograma proposto de execução das obras a cargo do empreendedor, com duração máxima de quatro anos.

Aprovação do projeto

A terceira fase consiste na aprovação do projeto, que equivale à licença urbanística para o empreendimento (Lei nº 6.766/79, arts. 12 a 17). O projeto deve ser analisado e aprovado pela Prefeitura Municipal, também responsável pela definição de diretrizes.

Anota-se que a redação original da Lei nº 6.766/79 previa a competência dos Estados para a aprovação de loteamentos e desmembramentos em uma série de situações (localizados em áreas de proteção de mananciais ou de patrimônio cultural, paisagístico e arqueológico, localizados em áreas limítrofes do Município ou pertencentes a mais de um Município, localizados nas regiões metropolitanas ou aglomerações urbanas, bem como quando abrangessem área superior a 1.000.000 m^2), mas tal comando não consta mais da redação atual da aludida lei. A partir da alteração legislativa pela Lei nº 9.785/99, cabe aos Estados disciplinar a aprovação pelos Municípios de parcelamentos enquadrados nas referidas situações (art. 13).

Registro do parcelamento

A quarta e última fase do procedimento administrativo é o registro do parcelamento. O parcelamento deve ser submetido ao serviço de registro de imóveis no prazo de 180 dias da aprovação do projeto, sob pena de caducidade. Para o registro de parcelamento popular destinado às classes de menor renda, em imóvel declarado de utilidade pública, com processo judicial de desapropriação em curso e imissão provisória na posse, desde que o empreendimento seja promovido pela União, pelos Estados, pelo Distrito Federal ou por suas entidades delegadas autorizadas por lei a implantar projetos de habitação, fica dispensada a apresentação de título de propriedade.

Registrado o parcelamento, o cancelamento do registro apenas pode ser feito: (a) por decisão judicial; (b) a requerimento do empreendedor, com anuência da Prefeitura, enquanto nenhum lote houver sido objeto de contrato; e (c) a requerimento conjunto do loteador e de todos os adquirentes dos lotes, com anuência da Prefeitura e do Estado (Lei nº 6.766/79, art. 23).

3.3.3 Exigências ambientais a que estão sujeitos os parcelamentos do solo para fins urbanos

Em nível federal, há exigências constantes da Lei nº 6.766/79 e da legislação ambiental propriamente dita, que se aplicam aos parcelamentos.

As exigências ambientais da Lei nº 6.766/79 estão reunidas num único dispositivo (o art. 3º). Note-se que a preocupação fundamental desse artigo diz respeito à proteção da segurança e das condições de vida dos seus futuros habitantes. O parágrafo único do art. 3º da lei veda o parcelamento do solo: a) em terrenos alagadiços e sujeitos a inundações, antes de tomadas as providências para assegurar o escoamento das águas; b) em terrenos que tenham sido aterrados com material nocivo à saúde pública, sem que tenham sido previamente saneados; c) em terrenos com declividade igual ou superior a 30%, salvo se atendidas as exigências específicas das autoridades competentes; d) em terrenos em que as condições geológicas não aconselham a edificação; e e) em áreas de preservação ecológica ou naquelas onde a poluição impeça condições sanitárias suportáveis, até sua correção.

Entre as condicionantes ambientais estabelecidas em outros diplomas federais, destacam-se: a) o licenciamento ambiental perante o órgão competente integrante do Sisnama (Boxe 3.2) e b) as limitações administrativas da legislação ambiental, com destaque ao Código Florestal, notadamente no que se refere às APPs.

Boxe 3.2

Todos os empreendimentos e atividades potencialmente poluidores ou causadores de degradação ambiental, nos quais estão incluídas as diferentes modalidades de parcelamento do solo, devem obter as devidas licenças ambientais, na forma da Lei nº 6.938/81 (Lei da Política Nacional do Meio Ambiente), e respectivas Resoluções Conama nº 01/06 e nº 237/97. No caso de empreendimentos potencialmente causadores de significativo impacto ambiental, exige-se, para a concessão da licença, estudo prévio de impacto ambiental (EIA), consoante determinação da própria Constituição Federal. A Resolução Conama nº 01/86 demanda expressamente EIA para projetos urbanísticos acima de 100 ha ou menores, em áreas de importância do ponto de vista ambiental, bem como para distritos industriais e zonas estritamente industriais (ZEI).

3.3.4 Meio ambiente e o lazer

A Constituição Federal de 1988 menciona o lazer no art. 6º e no art. 227, elegendo-o um direito social, o que não deixa de estar atrelado ao direito a uma cidade sustentável.

Tem-se como exemplo de direito ao lazer o uso de praças públicas pelos cidadãos, que trazem vários benefícios sociais agregados à sociabilidade, afetividade e memória em relação aos locais públicos, bem como conforto ambiental.

Note-se que, para algumas categorias de bem pertencente ao Município – como é o caso de praças, que são de uso comum do povo –, sua desafetação encontra óbice constitucional (quando previsto, a ser arguido em face da Constituição Estadual) e legal (Lei nº 6.766/79. art. 17 – regra que proíbe o loteador de alterar a destinação dos espaços livres de uso comum, vias e praças desde o loteamento urbano) (Boxe 3.3).

A praça ordinariamente surge com o loteamento urbano, quando é destinada parcela da gleba para sistema de áreas verdes, assim como são reservadas áreas ao Município para estabelecimento de outros bens de uso comum do povo, como o sistema viário e equipamentos públicos comunitários (entre eles, as creches e postos de saúde). Nessa esteira, Machado (2010, p. 416) afirma:

O Município está obrigado a zelar pelas áreas verdes e praças que instituir. Não pode desvirtuar as funções fundamentais desses espaços públicos de "uso comum do povo". Dessa forma, o Município não pode alienar, doar, dar em comodato, emprestar a particulares ou a entes públicos as áreas verdes e as praças. Esses espaços públicos não podem sofrer alterações que descaracterizem suas finalidades precípuas, que visam o lazer e a saúde da população. Assim, contrariam as finalidades públicas primárias desses espaços a construção de estacionamentos de veículos, autorizações para implantação de bancas de jornais, cabines telefônicas e bares, ou a autorização de painéis ou de "parques de diversões", mesmo que em caráter temporário.

Boxe 3.3 **Legislação e jurisprudência de interesse**

Conforme dito antes, no Estado de São Paulo as praças, enquanto áreas verdes, encontram salvaguarda na Constituição paulista em seu art. 180, VII. Nessa linha, segundo o Tribunal de Justiça de São Paulo, nem mesmo a autonomia municipal é suficiente para derrubar a restrição dessa Constituição (São Paulo. Tribunal de Justiça do Estado de São Paulo. Órgão Especial, ADI 18468-0. Relator: Des. Dirceu de Mello, j. em 9 nov. 1994. No mesmo sentido: São Paulo. Tribunal de Justiça de São Paulo. ADI 19847-0. Relator: Des. Rebouças de Carvalho, j. em 15 fev. 1995). O citado artigo da Constituição Bandeirante sofreu recentemente alteração pela Emenda Constitucional nº 23/07, no sentido de que as áreas de praça não podem ter, em regra, sua destinação original desvirtuada, exceto nos casos de alocação de habitação de interesse social ou equipamentos públicos. No Rio Grande do Sul há mesmo entendimento no sentido da não desafetação do espaço de área de lazer (Rio Grande do Sul. Tribunal de Justiça do Estado do Rio Grande do Sul. 4ª Câmara Cível. Apelação 70021934518. Relator: Des. Alexandre Mussoi Moreira, j. em 18 jun. 2008. *DJ*, 16 jul. 2008).

O fechamento desses espaços públicos, com a colocação de grades e portões, não poderá impedir a frequência diária da população. Infelizmente, alguns Municípios têm desvirtuado a função ambiental e bem-estar das pessoas, que a praça sustenta utilizando-se do instrumento jurídico da desafetação ou promovendo cercamento das áreas de uso de bem comum do povo, por meio de privatização de espaços públicos (loteamentos fechados), desprovidos sequer de contrapartidas para os cidadãos, que têm o acesso restrito por estarem fora dos muros.

Por isso, é importante, ao Município, na elaboração dos exames técnicos e diretrizes ambientais que subsidiam o licenciamento ambiental e urbanístico dessa figura de ocupação urbana em grande escala, a delimitação de suas metragens, localização e demais parâmetros que irão produzir maior qualidade de vida à população, especialmente no que toca aos itens meio ambiente e lazer.

A opção pela desafetação de áreas públicas de uso comum do povo, em nossa opinião, não é a melhor opção do administrador público, uma vez que o ordenamento pátrio lhe confere outros instrumentos jurídicos a exemplo da desapropriação e do direito de preempção constante do Estatuto da Cidade.

3.3.5 Outras modalidades de parcelamento do solo

Além do desmembramento e loteamento, há outras modalidades de parcelamento do solo urbano, como o reparcelamento ou desdobro (que consiste no fracionamento do lote, e não da gleba), o remembramento (reagrupamento de lotes contíguos para constituição de lotes maiores) e o condomínio edilício, que será abordado mais detalhadamente em virtude de sua importância na configuração urbano-ambiental do Município.

3.3.6 Condomínio

O condomínio (ou condomínio urbanístico) caracteriza-se pela constituição de condomínio em gleba ou em lote, com a definição de unidades autônomas para fins urbanos e áreas de uso comum dos condôminos, que incluem as vias de circulação interna, cujo regime, hoje, é ditado pelo Código Civil (Lei nº 10.406/02), que, nessa parte, derrogou a Lei nº 4.591/64.

Os modos mais comuns de se instituir a propriedade horizontal são: a) por destinação do proprietário do edifício, que o divide em apartamentos autônomos e os coloca à venda; b) por incorporação, que é o negócio pelo qual o incorporador vende apartamentos na planta ou em construção, comprometendo-se a entregá-los, aptos à habitação, a cada adquirente; e c) por testamento.

Segue um ato importante: a convenção de condomínio, aprovada pelo seu órgão deliberativo, a assembleia geral, que é constituída por todos os condôminos e delibera, em regra, por maioria, de acordo com o valor das frações ideais.

Os direitos e deveres do condômino dizem respeito à sua unidade autônoma e à área comum. Em relação àquela, exerce plenos poderes proprietários, estando limitado apenas a usá-la conforme sua destinação, subordinando-se a regras de boa vizinhança. É seu dever contribuir para as despesas do condomínio, na proporção de sua fração ideal, e observar o quanto foi disposto na convenção de condomínio.

Dessa forma, é possível verificar que condomínio não é forma de parcelamento do solo, mas uso e ocupação do solo, ainda que muito similar.

Os condomínios são comumente licenciados ou pelo Estado ou Municípios, a depender a linha de corte estabelecida (quantidade de unidades, infraestrutura, metragem) (Boxe 3.4).

> Boxe 3.4
>
> No Estado de São Paulo, assim como os parcelamentos do solo para fins residenciais, os conjuntos e condomínios habitacionais também são licenciados pelo Grupo de Análise e Aprovação de Projetos Habitacionais do Estado de São Paulo (Graprohab), nos termos do Decreto nº 52.053/07, com as seguintes linhas de corte: a) condomínios horizontais e mistos (horizontais e verticais), com mais de 200 unidades ou com área de terreno superior a 50.000,00 m²; b) condomínios verticais, com mais de 200 unidades ou com área de terreno superior a 50.000,00 m², que não sejam servidos por redes de água e de coleta de esgotos, guias e sarjetas, energia e iluminação pública; c) condomínios horizontais, verticais ou mistos (horizontais e verticais) localizados em área especialmente protegidas pela legislação ambiental com área de terreno igual ou superior a 10.000,00 m². Os Municípios bandeirantes podem licenciar os condomínios que estejam abaixo da linha de corte estipulada pela legislação estadual.

3.3.7 Loteamento fechado

Outra figura urbanística que releva menção é o loteamento fechado. Essa forma anômala decorrente do parcelamento do solo, também denominada "condomínio horizontal", distintamente do loteamento comum e em Municípios onde não há legislação local, vinha sendo implantada sob a permissão genérica do art. 8º, da Lei nº 4.591/64, salvo nos casos de Municípios, que possuem legislação específica.

A referida figura jurídica consubstancia-se em uma modalidade de aproveitamento do espaço, uma vez que procura conjugar a existência de lotes individuais de uso exclusivo com áreas de uso comum dos condôminos, em situação análoga ao que ocorre nos condomínios urbanísticos.

Aliás, no "loteamento fechado" não existem, de fato, vias e logradouros públicos; as áreas destinadas à circulação e lazer não são transferidas ao ente público, pois continuam a servir aos proprietários da gleba, que sobre elas têm utilização privativa.

Em favor da viabilidade de loteamentos desse tipo escreve o citado professor Meirelles (1996, p. 117-118, itálicos do autor):

> *Loteamentos especiais* estão surgindo, principalmente nos arredores das grandes cidades, visando a descongestionar as metrópoles. Para esses loteamentos não há, ainda, legislação superior específica que oriente a sua formação, mas nada impede que os Municípios editem normas urbanísticas adequadas a essas urbanizações. E tais são os denominados "loteamentos fechados", "loteamentos integrados", "loteamentos em condomínio", com ingresso só permitido aos moradores e pessoas por eles autorizadas, e com equipamentos e serviços urbanos próprios, para autossuficiência da comunidade. Essas modalidades merecem prosperar. Todavia, impõe-se um regramento legal prévio para disciplinar o sistema de vias internas (que em tais casos não são bens públicos de uso comum do povo) e os encargos de segurança, higiene e conservação das áreas comuns e dos equipamentos de uso coletivo dos moradores, que tanto podem ficar com a Prefeitura como com os dirigentes do núcleo, mediante convenção contratual e remuneração dos serviços por preço ou taxa, conforme o caso.

Todavia, segundo o magistério de Gasparini (1988, p. 17), que reluta por sua possibilidade jurídica:

Nosso ordenamento jurídico não acolhe os loteamentos qualificados por "fechados", "especiais", "integrados", "em condomínio" [...]. Destarte, qualquer pedido nesse sentido deve ser indeferido e exigido que a urbanização se faça nos moldes da legislação existente sobre parcelamento do solo urbano e de expansão urbana. Os loteamentos assim denominados e executados nos termos da definição proposta nada mais são que loteamentos comuns e como tal estão sob a égide da Lei Federal nº 6.766/79 e da legislação estadual e municipal complementares.

Por outro lado, o citado autor entende pela viabilidade de desafetação de áreas públicas na formação de espaços privados:

Realizado o loteamento nos termos e condições da Lei de Parcelamento do Solo Urbano pode o Município, em benefício do interesse público, por lei, desafetar as áreas públicas (ruas, praças) e atribuir seu uso exclusivamente aos adquirentes dos lotes, reunidos em associação que os represente, a quem também caberá a guarda e conservação dessas áreas e a execução de certos serviços diretamente ligados ao loteamento, a exemplo da coleta de lixo. Nessas hipóteses, o Município autorizará, no contrato de concessão de uso, o fechamento do loteamento. (Gasparini, 1988, p. 17).

No mesmo sentido preleciona Silva (2000, p. 313):

A denominação de "loteamento fechado" vem sendo atribuída a certa forma de divisão de gleba em lotes para edificação, que, embora materialmente se assemelhe ao loteamento, na verdade deste se distancia no seu regime como nos seus efeitos e resultados. Não se trata, por isso, de instituto de parcelamento urbanístico do solo, ainda que possa ser considerado uma modalidade de urbanificação, porque se traduz num núcleo populacional de caráter urbano. Modalidade especial de aproveitamento do espaço, não pode o Direito Urbanístico desconhecê-la, a despeito de reger-se por critérios do Direito Privado entre nós, sob forma condominial.

A par das discussões doutrinárias sobre a questão em foco, anotam-se algumas diferenças básicas entre o loteamento comum, o condomínio e o loteamento fechado (Quadro 3.1).

Quadro 3.1 **Comparativo entre loteamento urbano, condomínio e loteamento fechado**

	Loteamento urbano	Condomínio	Loteamento fechado
Fundamento legal	Lei nº 6.766/79	Código Civil (Lei nº 10.406/02)	Lei municipal
Conceito	Subdivisão de gleba em lotes destinados à edificação, com abertura de novas vias de circulação, de logradouros públicos ou prolongamento, modificação ou ampliação das vias existentes.	É a habitação multifamiliar composta por unidades autônomas e áreas comuns. As leis de uso e ocupação do solo normalmente os definem como "usos", definindo metragens, gabaritos e portes, tanto para os horizontais quanto para os verticais.	Loteamento urbano que se torna fechado por meio de muramento e guaritas, apresentando controle de entrada e saída diferenciada entre moradores e transeuntes. O seu fechamento é autorizado pelo Município comumente com análise urbanística.
Licenciamento ambiental	A cargo do Estado, em regra.	Dependendo da linha de corte, fica a cargo do Estado, e o excedente, do Município, caso haja legislação suplementar.	O loteamento urbano é licenciamento em regra, pelo Estado, dificilmente licenciamento pelo Município quanto aos aspectos ambientais.
Licenciamento urbanístico	Município	Município	Município
Área total	Não há limitação.	Depende de legislação municipal – lei específica ou de uso do solo.	Depende da legislação municipal.
Requisitos	Atendimento da Lei de Parcelamento do Solo.	Depende de legislação municipal – lei específica ou de uso do solo.	Depende da legislação municipal, observando-se que pode iniciar fechado ou, depois de aprovado, obter permissão para seu fechamento pelo Município.

Quadro 3.1 **Comparativo entre loteamento urbano, condomínio e loteamento fechado (continuação)**

	Loteamento urbano	Condomínio	Loteamento fechado
Áreas públicas	As áreas públicas passam a ser de domínio público, podendo ser utilizadas por qualquer cidadão, sem restrições, a não ser as impostas pelo Poder Público.	Não existe. Dentro do condomínio há áreas privadas, inclusive com tributação de IPTU.	Embora as áreas sejam públicas, a utilização preferencial é dos moradores e é restrita aos transeuntes.
Serviços públicos	A cargo da municipalidade.	A cargo dos moradores.	Normalmente ficam a cargo dos moradores, que se organizam por meio de associação condominial.

No loteamento comum, as vias e os logradouros passam a ser de domínio público, podendo ser utilizados por qualquer cidadão, sem restrições, a não ser aquelas impostas pelo próprio Poder Público municipal. Ademais, cada lote tem acesso direto à via pública. A gleba loteada, assim, perde a sua individualidade, deixando de existir, para que surjam os vários lotes, como unidades autônomas destinadas à edificação.

No loteamento fechado, as ruas, praças, jardins e áreas livres continuam no domínio (e não na propriedade) dos moradores, que delas se utilizarão conforme estabelecerem em convenção. Os lotes têm acesso ao sistema viário do próprio condomínio, que, por seu turno, alcançará a via pública. A gleba inicial não perde a sua caracterização, mas continua a existir como se fosse uma totalidade ou sistema macro.

Nessa conformidade, aplica-se ao loteamento, conquanto sustente a qualidade de fechado, a Lei nº 6.766/79. A título de exemplo, o loteador, então, deverá observar as determinações do artigo 4º, que estipula que as áreas públicas (sistema de circulação, equipamentos urbanos) devem atender requisitos urbanísticos mínimos.

Entrementes as celeumas de ordem urbanística, comumente o licenciamento ambiental e as análises técnicas decorrentes focam a figura do parcelamento do solo, sem levar em conta seu futuro fechamento, por carência de normativa em nível nacional.

3.4 Licenciamento ambiental de regularização fundiária em nível municipal

A Lei nº 6.766/79, em seu art. 40, respalda as iniciativas de regularização fundiária empreendidas por todo o País. Dispõe o *caput* do dispositivo em questão que a Prefeitura Municipal, ou o Distrito Federal, quando for o caso, poderá regularizar loteamento ou desmembramento não autorizado ou executado sem observância das determinações do ato administrativo de licença, para evitar lesão aos seus padrões de desenvolvimento urbano e na defesa dos direitos dos adquirentes dos lotes. No processo de regularização fundiária, devem ser observados não apenas os condicionantes estabelecidos por legislação urbanística estadual e municipal, mas também as normas ambientais de regência.

Certo é que, nas cidades brasileiras, a expansão desordenada ocasionou situações de clandestinidade e irregularidades em várias glebas, com o surgimento de favelas, núcleos ou ocupações e a degradação da paisagem, do meio ambiente natural, urbano e cultural, dentre outras mazelas de cunho social e econômico. Dificilmente uma cidade brasileira se afasta desse panorama. Nesse contexto, toda iniciativa de retorno de uma situação irregular à legalidade é bem-vinda.

É nesse sentido que vários diplomas constitucionais e legais foram editados com fulcro em vários dispositivos constitucionais, conferindo direito ao cumprimento da função social da propriedade (Constituição Federal, art. 5º, XIII), moradia (Constituição Federal, art. 6º), meio ambiente ecologicamente equilibrado (Constituição Federal, art. 225) e desenvolvimento urbano sustentável (Constituição Federal, art. 182), pela Lei nº 11.977/09 (que dispõe sobre o Programa Minha Casa Minha Vida (PMCMV) e a regularização fundiária de assentamentos localizados em áreas urbanas), Lei nº 12.651/12 (Código Florestal) e Resolução Conama nº 369/06.

Dessa forma, o conceito legal de regularização fundiária:

> consiste no conjunto de medidas jurídicas, urbanísticas, ambientais e sociais que visam à regularização de assentamentos irregulares e à titulação de seus ocupantes, de modo a garantir o direito social à moradia, o pleno desenvolvimento das funções sociais da propriedade urbana e o direito ao meio ambiente ecologicamente equilibrado. (Lei nº 11.977/09, art. 46).

Do ponto de vista ambiental, há benefícios em retirar famílias das APPs, liberando as margens de córregos e nascentes e promovendo o aumento significativo de áreas permeáveis com apresentação de um programa de arborização urbana em grande escala, ampliação da cobertura vegetal com criação de áreas verdes e repasse de áreas públicas de lazer à municipalidade, saneamento básico, além de outros ganhos de cunho ambiental que o processo pode produzir.

A Lei nº 11.977/09 sinaliza a possibilidade de dois tipos de regularização fundiária: a) de interesse social, disciplinada pelos seus arts. 53 a 60-A, destinando-se à regularização de imóveis urbanos, públicos ou privados, ocupados de forma consolidada e irreversível, por população de baixa renda, predominantemente para moradia; e b) de interesse específico, disciplinada pelos seus arts. 61 e 62, destinada à regularização de parcelamentos surgidos já sob a vigência da atual Lei de Parcelamento do Solo (Lei nº 6.766/79), mas que aparentemente permaneceram em situação de irregularidade quanto ao seu registro de parcelamento perante o Registro de Imóveis.

Os dois casos mencionados podem ser licenciados ambientalmente pelo Município, evidentemente com um processo administrativo diferenciado do licenciamento ambiental ordinário, dado tratar-se de situação peculiar em que se analisam uma realidade social e uma ocupação urbana completamente distinta do ordinário. O Quadro 3.2 apresenta as análises de cunho ambiental em sede de regularização fundiária, à luz das leis nº 11.977/09 e nº 12.651/12.

Quadro 3.2 Análise ambiental em sede de regularização fundiária

Regularização fundiária de interesse social em APPs ocupadas até 31 de dezembro de 2007 e inseridas em área urbana consolidada Lei nº 11.977/09 (art. 54)	I – caracterização da situação ambiental da área a ser regularizada; II – especificação dos sistemas de saneamento básico; III – proposição de intervenções para o controle de riscos geotécnicos e de inundações; IV – recuperação de áreas degradadas e daquelas não passíveis de regularização; V – comprovação da melhoria das condições de sustentabilidade urbano-ambiental, considerados o uso adequado dos recursos hídricos e a proteção das unidades de conservação, quando for o caso; VI – comprovação da melhoria da habitabilidade dos moradores propiciada pela regularização proposta; e VII – garantia de acesso público às praias e aos corpos d'água, quando for o caso.

Quadro 3.2 Análise ambiental em sede de regularização fundiária
(continuação)

Regularização fundiária de interesse social dos assentamentos inseridos em área urbana de ocupação consolidada e que ocupam APP Lei nº 12.651/12 (art. 64)	I – caracterização da situação ambiental da área a ser regularizada; II – especificação dos sistemas de saneamento básico; III – proposição de intervenções para a prevenção e o controle de riscos geotécnicos e de inundações; IV – recuperação de áreas degradadas e daquelas não passíveis de regularização; V – comprovação da melhoria das condições de sustentabilidade urbano-ambiental, considerados o uso adequado dos recursos hídricos, a não ocupação das áreas de risco e a proteção das unidades de conservação, quando for o caso; VI – comprovação da melhoria da habitabilidade dos moradores propiciada pela regularização proposta; e VII – garantia de acesso público às praias e aos corpos d'água.
Regularização fundiária de interesse específico dos assentamentos inseridos em área urbana consolidada e que ocupam APPs não identificadas como áreas de risco Lei nº 12.651/12 (art. 65)	I – a caracterização físico-ambiental, social, cultural e econômica da área; II – a identificação dos recursos ambientais, dos passivos e fragilidades ambientais e das restrições e potencialidades da área; III – a especificação e a avaliação dos sistemas de infraestrutura urbana e de saneamento básico implantados, outros serviços e equipamentos públicos; IV – a identificação das unidades de conservação e das áreas de proteção de mananciais na área de influência direta da ocupação, sejam elas águas superficiais ou subterrâneas; V – a especificação da ocupação consolidada existente na área; VI – a identificação das áreas consideradas de risco de inundações e de movimentos de massa rochosa, tais como deslizamento, queda e rolamento de blocos, corrida de lama e outras definidas como de risco geotécnico; VII – a indicação das faixas ou áreas em que devem ser resguardadas as características típicas da Área de Preservação Permanente com a devida proposta de recuperação de áreas degradadas e daquelas não passíveis de regularização; VIII – a avaliação dos riscos ambientais; IX – a comprovação da melhoria das condições de sustentabilidade urbano-ambiental e de habitabilidade dos moradores a partir da regularização; X – a demonstração de garantia de acesso livre e gratuito pela população às praias e aos corpos d'água, quando couber.

3.5 Licenciamento ambiental municipal de empreendimentos imobiliários

As cidades, em momentos de expansão e requalificação, demandam uma gama de instrumentos tanto de planejamento urbano (Plano Diretor, planos de gestão, instrumentos constantes do Estatuto da Cidade e do Estatuto da Metrópole), econômicos (tributos e incentivos financeiros a determinadas atividades ou ocupações), como de comando e controle – licenciamento e fiscalização, tanto na órbita urbanística como na ambiental.

Nesse sentido, instrumentos econômicos, urbanísticos e ambientais não se contrapõem, mas sim se complementam, com vistas a uma cidade sustentável.

Em nível constitucional, os princípios da ordem econômica, do meio ambiente ecologicamente equilibrado e da função social da propriedade ensejam análise conjunta quando do trato do domínio urbano-ambiental.

Assim, nas divisões clássicas do conceito de meio ambiente, encontra-se o urbano (artificial ou construído), e seu estudo enseja destaque pelo fato de os indivíduos, em sua grande maioria, exercerem suas principais atividades neste espaço (entre elas, várias relações sociais, laborais, habitacional, consumerista, cultural e o lazer).

O homem tem como conduta irrefutável transformar o meio em que vive, até para garantir sua sobrevivência, e, por esse motivo, o ecossistema das cidades é altamente modificado e merece uma visão mais cuidadosa quanto a sua utilização. Além disso, o processo de urbanização na cidade brasileira é uma realidade inafastável, na qual a tutela dos espaços onde o homem vive, produz e manifesta suas principais relações sociais pode e deve ser calcada na sustentabilidade. Nesse sentido, a Carta Rio+10, resultado do Seminário Internacional Direito Ambiental Rio+10, promovido pela Escola Superior do Ministério Público da União e pelo Centro Internacional de Direito Comparado do Meio Ambiente, com apoio da Sociedade Brasileira de Direito do Meio Ambiente, ocorrido na cidade do Rio de Janeiro, em abril de 2006, proferiu a seguinte diretriz:

> A importância atual da crise da cidade, no plano social, ambiental e democrático, não pode ser superada sem a eliminação da pobreza, dos modos de produção e consumo e das práticas urbanas não sustentáveis. Para que a cidade seja sustentável, é preciso:

(i) a repartição harmônica da população tanto no espaço urbano como rural;

Dessa forma, acolhe-se a terminologia "cidades urbanas", bem como o cotejo ao conceito de licenciamento ambiental, procedendo-se a uma análise crítica e propositiva para que os Municípios se apropriem de suas competências constitucionais suplementares pelo zelo das cidades e internalizando, em seu rol de controle de ocupação da urbe, tipologias de empreendimentos imobiliários que o ente estatal não licencia.

Além do próprio permissivo constitucional, tem-se por base que a Administração Pública se rege pelos princípios insertos na Constituição Federal, em seu art. 37, *caput* (legalidade, impessoalidade, moralidade, publicidade e eficiência), do qual se destaca a eficiência para unir as políticas públicas e o uso adequado dos instrumentos legais de proteção do bem mais caro aos Municípios: o meio ambiente, em todas as suas formas.

Traz-se uma nova coloração ao princípio da eficiência:

> A eficiência não se confunde com eficácia nem com efetividade. A eficiência transmite sentido relacionado ao modo pelo qual se processa o desempenho da atividade administrativa; a ideia diz respeito, portanto, à conduta dos agentes. Por outro lado, eficácia tem relação com os meios e instrumentos empregados pelos agentes no exercício de seus misteres na administração; o sentido aqui é tipicamente instrumental. Finalmente a efetividade é voltada para os resultados obtidos com as ações administrativas; sobreleva nesse caso a positividade dos objetivos. O desejável é que essas três qualificações caminhem juntas. (Carvalho Filho, 2007, p. 25).

Nas práxis de gestão ambiental, podem-se colher várias experiências locais de licenciamento ambiental municipal de empreendimentos imobiliários.

Tomam-se, por exemplo, legislações referentes ao licenciamento ambiental de dez cidades brasileiras Campinas (SP), Bonito (MS), São Luís (MA), Porto Alegre (RS), Blumenau (SC), Palmas (TO), Recife (PE), Rio de Janeiro (RJ), Vitória (ES) e Belo Horizonte (MG), que estabeleceram como objeto de licenciamento ambiental os empreendimentos imobiliários, de acordo com suas características e demandas locais. Esse trabalho foi elaborado pela equipe técnica do Departamento de Licenciamento Ambiental da Prefeitura Municipal de Campinas, a fim de subsidiar as linhas de corte do licenciamento ambiental municipal de empreendimentos imobiliários.

Dentre as cidades analisadas, quatro delas não adotaram linha de corte (Bonito, São Luiz, Belo Horizonte e Vitória), abrangendo a totalidade das tipologias urbanísticas e podendo ser consideradas com maior nível de exigência para o licenciamento ambiental, com base no princípio da precaução ambiental e, portanto, com cunho mais restritivo. Outras seis cidades apresentam linhas de corte (Porto Alegre, Palmas, Campinas, Recife e Rio de Janeiro) das mais variadas formas (metragem, porte e poluição, proximidade com UCs, número de unidades habitacionais, investimentos, pessoas trabalhando).

Essas cidades podem ser consideradas dotadas de níveis de exigência moderados, e uma distribuição aproximada está representada no Quadro 3.3 e na Fig. 3.1.

Quadro 3.3 **Distribuição de níveis de exigência para licenciamento ambiental de empreendimentos imobiliários em cidades**

Cidade	100% de obras e empreendimentos	Unidades habitacionais	Porte, área, investimentos, pessoas trabalhando	Área 1.500 m²	Porte, área, potencial poluidor	Área 5.000 m² ou 10.000 m²	Área 6.000 m² ou 10.000 m²
Bonito	X						
São Luís	X						
Porto Alegre	X						
Vitória	X						
Blumenau		X					
Palmas			X				
Recife					X		
Campinas				X			
Rio de Janeiro						X	
Belo Horizonte							X

Fonte: Prefeitura Municipal de Campinas, Secretaria do Verde, Meio Ambiente e Desenvolvimento Sustentável, Departamento de Licenciamento Ambiental (2013).

A Fig. 3.1, por sua vez, retrata o escalonamento dos níveis de exigência da legislação ambiental, com destaque ao licenciamento ambiental de empreendimentos imobiliários.

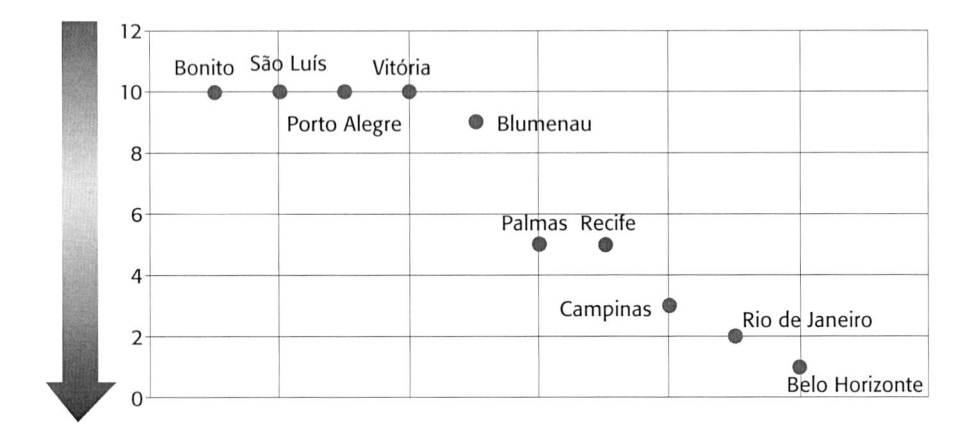

Fig. 3.1 *Nível de exigência para licenciamento de empreendimentos imobiliários*
Fonte: Prefeitura Municipal de Campinas, Secretaria do Verde, Meio Ambiente e Desenvolvimento Sustentável, Departamento de Licenciamento Ambiental (2013).

Dessa forma, cada legislação municipal analisada, cada qual dentro de sua peculiaridade local, procura, pioneiramente, introduzir parâmetros nas diferentes ocupações urbanas, inserindo uma nova abordagem ambiental à construção civil, trazendo a essa fatia do mercado uma necessária internalização de boas práticas ambientais antes inexistentes nas cidades brasileiras.

Feita essa breve análise dos permissivos legais e experiências de alguns Municípios brasileiros, vislumbra-se que é indubitável que a preservação ambiental pode e deve comungar com o desenvolvimento humano, social e econômico, sendo nosso dever promover o balanço justo dessa relação, por meio de uma governança ambiental. Assim é a lição de Machado (2003, p. 32):

> A defesa do meio ambiente é uma dessas questões que obrigatoriamente deve constar da agenda econômica pública e privada. A defesa do meio ambiente não é uma questão de gosto, de ideologia e de moda, mas um fator que a Carta Maior manda levar em conta.

Este é o grande escopo dos agentes públicos e privados: garantir a sustentabilidade das Cidades, com base nas normas e nos instrumentos de gestão ambiental, dentre eles o licenciamento ambiental. No tocante a esses princípios, Gomes (1999, p. 181) preleciona: "a Carta Magna determina que o direito ao meio ambiente ecologicamente equilibrado, exposto no art. 225, se faz presente como princípio a ser respeitado pela atividade econômica no art. 170, VI". Em outra oportunidade, o autor aproxima o atendimento à função social da propriedade também ao princípio da proteção ambiental (Gomes, 2000, p. 177).

Essa é uma relação ganha-ganha: ganha a cidade, porque tem suas ocupações com melhor qualidade; ganha o mercado imobiliário, porque seus investimentos também se revertem para o meio ambiente, especialmente o urbano; e ganha o planeta, uma vez que essas pequenas ações pontuais trazem resultados diretos e indiretos na qualidade do solo, escoamento de águas, saúde humana e minimização da poluição em todas as suas formas. Em cidades tipicamente urbanizadas e industrializadas, inserir empreendimentos imobiliários no rol de atividades de licenciamento ambiental é uma solução que certamente promove maior qualidade dessas ocupações urbanas no que diz respeito não somente aos parâmetros urbanísticos, mas também aos elementos ambientais.

É de se concluir que, no que toca à ocupação urbana das cidades, a competência do licenciamento ambiental encontra-se espraiada: o licenciamento urbanístico sempre estará a cargo do Município e o ambiental, quando se tratar de parcelamento do solo, geralmente a cargo dos Estados; já os condomínios, a depender da legislação estadual e da regularização fundiária de interesse social e específico, encontram-se em fase de migração do ente estadual para o municipal.

3.6 Licenciamento ambiental de equipamentos de infraestruturas urbanas de significativo impacto no Município

Embora algumas das infraestruturas e empreendimentos a seguir não façam parte, em regra, do licenciamento ambiental em âmbito local (aeroportos, aterros sanitários e unidades de tratamento de esgoto), não obstante seu impacto no território (tanto de ordem positiva quanto negativa), faz-se menção a eles a fim de enriquecer os fundamentos do ETM, a cargo dos entes federativos municipais no subsídio do licenciamento de impactos regionais ou nacionais, para que haja melhor condução das análises técnicas e comunitárias no interesse do ente local.

3.6.1 Licenciamento ambiental de aeroportos

Conforme a Constituição Federal, o transporte aéreo é um serviço de interesse público a cargo da União. Atualmente os aeroportos passam por período de concessão à iniciativa privada.

A Empresa Brasileira de Infraestrutura Aeroportuária (Infraero), criada pela Lei nº 5.862/72, cuida da administração aeroportuária dos aeroportos a cargo da União, e a Agência Nacional de Aviação Civil (Anac), criada pela Lei nº 11.182/05, regula o serviço, na qualidade de agência reguladora.

Os aeroportos, na qualidade de infraestrutura de transporte aéreo, são indutores do desenvolvimento local e regional e produzem forte influência na dinâmica das cidades e, consequentemente, na formatação de políticas públicas e privadas contemporâneas, consistindo em eixo estruturador de desenvolvimento para a urbe, não obstante os eventuais impactos ambientais a eles agregados.

Nesse diapasão, Cappa (2013, p. 31-32) analisa os impactos dos aeroportos nas cidades:

> A noção de cidade aeroportuária expressa a dimensão física e territorial dos grandes aeroportos, pois necessitam de ampliações para atender ao intenso fluxo de pessoas que demandam seus serviços, receber a elevada quantidade de grandes aeronaves e movimentar significativo volumes de mercadoria [...]. Isso implica aeroportos integrados junto ao meio urbano onde estão localizados porque precisam fazer interfaces com outros meios de transportes (rodoviário, ferroviário e fluvial), além de construírem arquiteturas de grande dimensão física e necessitarem de infraestrutura, por vezes superior a de muitas cidades brasileiras quanto ao consumo de água potável e de energia elétrica, além do tratamento do lixo e esgoto.

Quanto ao licenciamento ambiental, tais estruturas são licenciadas pelo Estado, e, segundo a Resolução Conama nº 01/06, art. 2º, IV, os aeroportos demandam EIA.

Mas o fato de o licenciamento ambiental dos aeroportos estar a cargo do Estado não afasta a importante influência da Certidão de Uso do Solo e do ETM na localização do empreendimento e nas condições do entorno (acesso, preservação ambiental, usos compatíveis, entre outros), podendo cooperar nos direcionamentos, restrições e condicionantes para a sua localização, instalação e operação.

3.6.2 Licenciamento ambiental de aterros sanitários

A Lei da Política Nacional de Resíduos Sólidos (Lei nº 12.305/10), em seu art. 3º, VIII, define que uma disposição final ambientalmente adequada consiste na "distribuição ordenada de rejeitos em aterros, observando normas operacionais específicas de modo a evitar danos ou riscos à saúde pública e à segurança e a minimizar os impactos ambientais adversos".

A aterragem ou aterro sanitário são locais previamente projetados para receber lixo, com vida útil de três a cinco anos. Nessa técnica, após a disposição do entulho, além de outras medidas, ele é periodicamente coberto com terra. Muitos desses aterros podem ter aproveitamento energético, por exemplo, com a técnica de aterragem, por meio da qual se extrai e se utiliza gás combustível produzido pela digestão dos elementos orgânicos.

Também licenciados pelos órgãos ambientais do Estado, os aterros demandam EIA, segundo a Resolução Conama nº 01/06, art. 2º, X.

Os aterros sanitários, não obstante a sua atual relevância no equacionamento do saneamento ambiental das Cidades, devem seguir as normas ambientais vigentes. Para fim de exemplo, compara-se decisão do Superior Tribunal de Justiça que suspendeu o licenciamento ambiental pelo fato de a obra estar inserida em área de bacia de manancial hídrico que abastece o Município de Ponta Grossa em sede de ação popular ajuizada por professores da Universidade Estadual de Ponta Grossa (UEPG) e outros cidadãos à frente do Instituto Ambiental do Paraná (IAP) e Ponta Grossa Ambiental Ltda. Na Ação Popular nº 2009.70.09.001492-8/PR:

> PEDIDO DE SUSPENSÃO DE MEDIDA LIMINAR. LICENCIAMENTO AMBIENTAL PARA INSTALAÇÃO DE ATERRO SANITÁRIO. PROTEÇÃO AO MEIO AMBIENTE. LESÃO À ORDEM PÚBLICA. Demonstrado o grave risco ambiental decorrente da instalação de aterro sanitário em área de proteção ambiental, a decisão que determina o prosseguimento da obra tem potencial de causar grave lesão à ordem pública; em termos de meio ambiente, deve prevalecer o princípio da precaução. Agravo regimental não

provido. (Brasil. Superior Tribunal de Justiça. Corte Especial, v.u., AgRg na SLS 1279/PR. Relator: Min. Ari Pargendler, j. em 6 mar. 2011. DJe, 6 maio 2011).

3.6.3 Licenciamento ambiental para unidades de tratamento de esgotos sanitários

A Lei Nacional de Saneamento Básico (Lei nº 11.445/07) dispõe que onde houver serviço de abastecimento de água ou de esgotamento sanitário disponível é obrigatória a ligação de todo o edifício permanente àquela rede, o que refuta claramente o uso de fontes alternativas (art. 45) (Alochio, 2007, p. 116). Todavia, em não havendo disponibilidade de redes públicas de saneamento básico, são admitidas soluções individuais de abastecimento de água e de afastamento e destinação final dos esgotos sanitários, observadas as normas editadas pela entidade reguladora e pelos órgãos responsáveis pelas políticas ambiental, sanitária e de recursos hídricos (§ 1º).

O licenciamento ambiental de unidades de tratamento de esgotos sanitários e de efluentes gerados nos processos de tratamento de água, de competência do Estado, possui procedimento simplificado em função do porte das unidades e dos impactos ambientais esperados (Lei nº 11.445/07, art. 44, § 1º). Note-se que os mecanismos simplificados de licenciamento ambiental foram previamente regulamentados pelo Conama ao editar a Resolução nº 377/06.

Conforme assevera Machado (2010, p. 310), "simplificação é um conceito ligado à eficiência, pois a Administração Pública não deve perder tempo".

3.6.4 Licenciamento ambiental de estações rádio-base nos Municípios

A regulação sobre o serviço e a instalação desses equipamentos de infraestrutura de telecomunicações é regulado por legislação federal com destaque às seguintes leis: Lei nº 9.472/97, que disciplina sobre a organização dos serviços de telecomunicações; Lei nº 11.934/09, que dispõe sobre limites à exposição humana a campos elétricos, magnéticos e eletromagnéticos; e a recente Lei nº 13.116/15, que estabelece normas gerais para implantação e compartilhamento da infraestrutura de telecomunicações (Boxe 3.5).

A Agência Nacional de Telecomunicações (Anatel), agência reguladora federal, exerce o controle sobre o serviço público (Boxe 3.6).

> **Boxe 3.5 Jurisprudência de interesse**
> Note-se aqui que o Superior Tribunal de Justiça entendeu que a competência para legislar sobre esses serviços é da União, conforme se extrai da seguinte ementa:
>
>> RECURSO ESPECIAL. AGRAVO DE INSTRUMENTO. AÇÃO CIVIL PÚBLICA. DESATIVAÇÃO DE ESTAÇÃO DE RÁDIO-BASE (ERB). LICENÇA AMBIENTAL E POSTURA. COMPETÊNCIA DA JUSTIÇA FEDERAL OU ESTADUAL. COMPETÊNCIA LEGISLATIVA DA UNIÃO. CONFRONTO DE LEI FEDERAL COM LEI MUNICIPAL. OMISSÃO E AUSÊNCIA DE FUNDAMENTAÇÃO NÃO VERIFICADAS. (Brasil. Superior Tribunal de Justiça. REsp 1.292.994, 2ª Turma. Relator: Min. Castro Meira, j. em 20 ago. 2013. *DJe*, 30 ago. 2013).

> **Boxe 3.6**
> A Anatel é uma entidade integrante da Administração Pública Federal indireta, submetida a regime autárquico especial e vinculada ao Ministério das Comunicações, com função de órgão regulador das telecomunicações, nos termos do art. 8º da Lei Geral de Telecomunicações (Lei nº 9.472/97), competindo-lhe determinar em que termos as emissões eletromagnéticas pelas torres de telefonia poderão ocorrer sem prejuízo à população.

O Município atua com interface junto às seguintes áreas: a) urbanística (quanto ao uso do solo); b) sanitária (podendo estabelecer regras atinentes à saúde da população, especialmente sobre potência eletromagnética dos aparelhos); e c) ambiental, eventualmente.

Quanto ao licenciamento ambiental, o Município poderá proceder a tal controle quando o Conselho Estadual de Meio Ambiente delegar essa atribuição, conforme estabelece a Lei Complementar nº 140/11, art. 9º, XIV, "a", ou o Município editar normas, dentro de sua competência de interesse público local. Nesse ponto, cabe a ressalva de que a comunidade científica desconhece os efeitos das emissões de radiofrequências na população, motivo pelo qual a instalação de estações rádio-base (ERBs) deve ser analisada com rigor, notadamente em locais adensados. Não obstante a atuação dos órgãos estatais, resta também à sociedade a preocupação quanto aos efeitos potencialmente nocivos pela exposição da população a ondas eletromagnéticas, ou seja, seu impacto sobre a saúde humana, especialmente a das crianças, o que nos faz refletir sobre a necessidade de disciplinamento dessa questão, especialmente no tocante aos locais de instalação, estabelecendo-se critérios protetivos à população em face do princípio da precaução ambiental.

Na linha da simplificação e celeridade do processo, a recente Lei nº 13.116/15 estabeleceu, em seu art. 7º, que as licenças necessárias para a instalação de infraestrutura de suporte em área urbana serão expedidas mediante procedimento simplificado, sem prejuízo da manifestação dos diversos órgãos competentes no decorrer da tramitação do processo administrativo, e que o processo de licenciamento ambiental, quando for necessário, ocorrerá de maneira integrada ao procedimento de licenciamento indicado neste artigo (§ 10), cujo procedimento resta pendente de disciplinamento pelo Conama (art. 9º).

Importa salientar que, sem afastar a competência regulamentadora do Conama, entendemos que tais equipamentos de infraestrutura podem ser analisados tanto por meio de estudos ambientais (em sede de licenciamento ambiental) quanto de impacto urbanístico, no qual se destaca o EIV. Nesse sentido, o Distrito Federal editou a Lei nº 3.446/04, regulamentada pelo Decreto Distrital nº 26.823/06, que estabelece normas para a instalação de torres destinadas a antenas de transmissão de sinais de telefonia. Segundo o seu art. 1º, o Poder Público expedirá licença para construção, instalação, ampliação e operação de torres destinadas a antenas de transmissão de sinais de telefonia no Distrito Federal, mediante prévia apreciação em audiência pública à população diretamente interessada (Boxe 3.7). Nesse caso, decidiu-se ouvir a comunidade local por meio de audiência pública antecedida de Relatório de Impacto de Vizinhança (RIV) (Boxe 3.8).

> **Boxe 3.7**
>
> A lei ambiental foi recentemente apreciada pelo Supremo Tribunal Federal, que entendeu o Município ter competência para legislar sobre o tema, com base no seu interesse local (Brasil. Supremo Tribunal Federal. RE 860938/DF. Rel. Ministro Luiz Fux, j. em 4 fev. 2015. *DJe*, de 26 fev. 2015; Brasil. Supremo Tribunal Federal. RE 632006/SC. Relator: Min. Cármen Lúcia, j. em 22 out. 2014. *DJe*, 3 nov. 2014).

Boxe 3.8 **Legislação de interesse**

Outras cidades também disciplinaram o licenciamento das estações da rádio-base. Curitiba (PR) editou a Lei nº 11.535/05, que também institui o EIV, conforme art. 2º, V. O Município de Campinas (SP), por exemplo, conta com a Lei Municipal nº 11.024/01, que dispõe sobre a instalação de sistemas de transmissão de rádio, televisão, telefonia, telecomunicação em geral e outros sistemas transmissores de radiação eletromagnética não ionizante, no Município de Campinas, e dá outras providências. A referida norma disciplina os aspectos urbanísticos, com destaque a recuo e localização. A respeito do licenciamento ambiental, até 2014 o Município podia licenciar a referida estrutura de telecomunicações com supedâneo em convênio firmado com a Companhia Ambiental do Estado de São Paulo (Cetesb) e a Deliberação Consema nº 33/09, que dispõe sobre as diretrizes para descentralização do licenciamento ambiental, listando em seu anexo único os empreendimentos e atividades de impacto ambiental local. Note-se o teor da Resolução Consema nº 33/09, item 5, do Anexo Único: "5. Obras essenciais de infraestrutura destinadas aos serviços de telecomunicação e radiodifusão, cujos impactos ambientais diretos não ultrapassem o território do Município". Ocorre que o referido convênio expirou em 3 de junho de 2014 e não foi renovado frente à nova sistemática legal trazida pela Lei Complementar Federal nº 104/2011, artigo 9º, XIV, "a", bem como o advento de um novo ato normativo editado pelo Conselho Estadual de Meio Ambiente, Deliberação Normativa Consema nº 01/2014, que em seu Anexo I relaciona os empreendimentos e atividades que causam ou podem causar impacto ambiental local, licenciáveis pelos Municípios, desprovido da alusão às obras de infraestrutura de telecomunicações (que antes constava do rol da anterior Deliberação Consema nº 33/2009). Já o Município de Vespasiano (MG) editou a Lei nº 1.964/02, que institui o licenciamento ambiental corretivo para as antenas anteriormente instaladas (art. 2º) e teve aprovação por maioria absoluta dos membros do Conselho de Meio Ambiente (art. 18).

O Estado de São Paulo também editou a Lei nº 10.995/01, que dispõe sobre a instalação de antenas transmissoras de telefonia celular no Estado cujo teor veicula limitações relativas à radiação das antenas transmissoras que operam na faixa de frequência de 30 kHz a 3 GHz e emitem radiação não ionizante. Toda a instalação desses equipamentos deverá ser feita de modo que a densidade de potência total, considerada a soma da radiação preexistente com a da radiação adicional emitida pela nova antena, medida por equipamento que faça a integração de todas as frequências na faixa prevista por essa lei, não ultrapasse 435 uW/cm², em qualquer local passível de ocupação humana (Organização Mundial de Saúde), ficando a cargo da Secretaria Estadual de Saúde o seu controle, conforme arts. 2º, 3º e 7º da Lei. Essa lei municipal é objeto de Ação Direta de Inconstitucionalidade, promovida pelo Ministério Público Federal, ainda pendente de julgamento (ADI 3110/SP).

3.7 Índices de sustentabilidade no licenciamento ambiental municipal

As cidades devem exercer suas funções sociais, econômicas e ambientais, consistindo-se no tripé do desenvolvimento sustentável.

Mas o que é desenvolvimento sustentável? Também chamado de ecodesenvolvimento, objetiva o manejo dos recursos naturais, ou seja, buscar a qualidade de vida do ser humano dentro dos limites da capacidade e suporte dos ecossistemas.

Contudo, é preciso lembrar que o conceito de desenvolvimento sustentável não é uníssono nacional e internacionalmente, mas pode-se afirmar que remonta de vários debates e estudos governamentais e da sociedade civil. Um dos exemplos é o do Clube de Roma, que em 1972 encomendou um relatório para o grupo de pesquisadores do Instituto de Tecnologia de Massachusetts, liderado por Dennis L. Meadows, denominado "Os Limites do Crescimento", sobre temas relacionados ao meio ambiente e aos recursos naturais, propondo a utilização do princípio de desenvolvimento sustentável para pautar as ações no mundo, com o viés de que os recursos naturais no planeta Terra são finitos (http://www.clubofrome.org).

Em nível global, conferências internacionais interferiram no fortalecimento da proteção do planeta, notadamente em função da Conferência das Nações Unidas sobre o Ambiente Humano, mais conhecida como Conferência de Estocolmo (em 1972).

Em 1987, o documento denominado *Our common future* ("Nosso futuro comum" ou Relatório Brundtland), elaborado pela Comissão Mundial sobre o Meio Ambiente e Desenvolvimento (CMMAD) da Organização das Nações Unidas (ONU), criada pela Conferência de Estocolmo de 1972 e presidida por

Gro Harlem Brundtlandt (então primeira-ministra norueguesa) e Mansour Khalid, oferece um novo olhar sobre o desenvolvimento. O relatório o define de tal modo: "Desenvolvimento sustentável é o desenvolvimento que satisfaz as necessidades do presente sem comprometer a capacidade de as futuras gerações satisfazerem suas próprias necessidades" (*Our common future*, 1987).

As Conferências Internacionais subsequentes seguem a mesma linha de sinalização na necessária mudança do pacto civilizatório, entre as quais se destacam a Conferência das Nações Unidas sobre Meio Ambiente e Desenvolvimento, no Rio de Janeiro (em 1992), a Conferência das Nações Unidas sobre Desenvolvimento Sustentável (em 2002) e a Conferência das Nações Unidas sobre Desenvolvimento Sustentável, conhecida como Rio+20 (em 2012). Além disso, os relatórios do Painel Intergovernamental sobre Mudanças Climáticas, instituído pela ONU e pela Organização Meteorológica Mundial, indicam um futuro pessimista para o planeta por conta das interferências antrópicas.

Os princípios ambientais contidos na Declaração de Estocolmo de 1972 foram internalizados na Constituição Federal de 1988, em especial no seu art. 225, cujo escopo é concretizar o meio ambiente ecologicamente equilibrado e a sadia qualidade de vida do ser humano.

Observe-se que, no Brasil, a Lei da Política Nacional de Meio Ambiente (Lei nº 6.938/81), em seu art. 5º, parágrafo único, demonstra a comunhão entre os arts. 170, IV, e 225 da Constituição Federal, em que o desenvolvimento econômico observará o manejo sustentável dos recursos naturais (Boxe 3.9).

> Boxe 3.9 **Tratado Internacional e jurisprudência de interesse**
> Determina o princípio 4 da Declaração do Rio de Janeiro de 1992: "Para alcançar o desenvolvimento sustentável, a proteção ambiental constituirá parte integrante do processo de desenvolvimento e não pode ser considerada isoladamente deste". O Supremo Tribunal Federal comunga desse entendimento, inclusive observando que um dos objetivos da República Federativa do Brasil, o desenvolvimento nacional (Constituição Federal, art. 3º, II), deve ligar-se com a preservação e integridade do meio ambiente (Constituição Federal, art. 225), com supedâneo no princípio do desenvolvimento sustentável. Nessa esteira: Brasil. Supremo Tribunal Federal. Pleno, v.u., ADI-MC 3.540. Relator: Min. Celso de Mello, j. em 1º set. 2005. *DJU*, 3 fev. 2006, p. 14.

Certo é que a atividade econômica sofre grande influência da proteção ambiental como um dos princípios basilares e com vistas ao princípio do desenvolvimento sustentável, consoante seu art. 170, VI, da Constituição Federal.

Embora o art. 170, VI, da Lei Maior não se refira exclusivamente ao tratamento tributário diferenciado, o elemento relativista do princípio da igualdade traz alguns apontamentos doutrinários na seara tributária:

> Pensamos que se pretendeu deixar claro que é legítimo adotar, por exemplo, tratamento tributário diferenciado para empresas que lidem com produtos ou serviços de maior potencial lesivo ao meio ambiente, seja tributando-as mais pesadamente, seja concedendo benefícios fiscais a atividades ou providências que visem a reduzir o impacto ambiental ou a diminuir os riscos de dano ao meio ambiente relacionados a esse produto ou serviço. (Paulo; Alexandrino, 2006, p. 51).

Em sumulares palavras, não se pode desconhecer que a preservação do meio ambiente está intimamente ligada ao desenvolvimento econômico, ou melhor, há uma relação de interdependência, deixando claro que o grande desafio da geração atual é consolidar um equilíbrio entre desenvolvimento social e econômico e proteção ambiental.

Não obstante o número de normas existentes acerca dessa matéria, são indispensáveis a sistematização e o estudo direcionado dos instrumentos jurídicos tendentes à defesa do meio ambiente, bem como os seus princípios constitucionais basilares, como a preservação da vida, da diversidade das espécies e do equilíbrio ecológico. Nesse sentido, afirma Dobrenko (2005, p. 84):

> A questão dos direitos (meio ambiente, direitos humanos) não mais aparece como questão secundária, mas como uma questão fundamental, que assegura a perpetuação de toda forma de vida sobre o planeta.

Certamente as cidades estão sedentas de uma governança ambiental que alie políticas econômicas, sociais e de desenvolvimento à preservação de seus recursos ambientais, e o licenciamento ambiental é um desses mecanismos.

Nessa toada, aquele que utiliza os recursos ambientais deve incorporar, no seu processo produtivo, medidas de prevenção e controle a fim de impedir, ao menos, a degradação do meio ambiente, e a legislação pátria acolhe a responsabilidade pós-consumo no que toca à responsabilidade da destinação final das embalagens de agrotóxicos (Lei nº 9.974/00, art. 6º, § 5º) e estimula a adoção de padrões sustentáveis de produção e consumo de bens e serviços (Lei nº 12.305/10, art. 7º, III – Boxe 3.10). Na mesma direção, a Resolução Conama nº 334/03 determina a forma e os procedimentos de licenciamento ambiental de estabelecimentos destinados ao recebimento de embalagens vazias de agrotóxicos.

> **Boxe 3.10**
>
> Também o Conama editou a Resolução nº 257/99, que exige que pilhas e baterias que contenham em suas composições chumbo, cádmio, mercúrio e seus compostos tenham procedimentos de reutilização, reciclagem, tratamento ou disposição final ambientalmente adequados; as Resoluções nº 258/99 e nº 301/02, que cuidam da importação de pneumáticos; e a Resolução nº 365/05, que dispõe sobre o recolhimento, coleta e destinação final do óleo lubrificante usado ou contaminado (refino de óleo lubrificante).

Dessa forma, utilizar o instrumento licenciamento ambiental nas cidades significa acolher novos serviços, obras e empreendimentos nos Municípios, o que retrata uma opção de crescimento populacional, por meio de oferta habitacional, industrial, comercial e de serviços por intermédio de concessão de licenças e alvarás para construção de usos, bem como o incremento de infraestrutura urbana para garantir sustentabilidade urbana para esses usos.

Há vários mecanismos de políticas de planejamento, fomento, comando e controle que visam garantir um desenvolvimento equilibrado e sustentável, com vistas à preservação e recuperação dos recursos naturais e meio cultural e urbano.

Normalmente os instrumentos de comando e controle são dissociados das políticas de fomento, razão pela qual se propõe neste item uma releitura dessa forma de gestão com o escopo de reformular o licenciamento ambiental não somente como medida de controle ambiental, mas também de fomento de práticas sustentáveis.

Mais que focalizar as atividades produtivas, entendidas singelamente como um setor econômico, o que se deve privilegiar é a integração complexa que se estabelece com a natureza e a sociedade, internalizando-se novas tecnologias e buscando-se harmonizar os processos sociais, culturais e econômicos em prol da preservação e sustentabilidade dos recursos naturais. Nessa linha, o manejo dos recursos naturais nos diversos setores produtivos enseja conectar-se a um *modus operandi* sustentável ou sustentado. Nessa esteira, segundo Sachs (2000, p. 32), "conservação e aproveitamento racional da natureza podem e devem andar juntos".

A preocupação com a responsabilidade social e a sustentabilidade empresarial já faz parte do mercado, inclusive medidas para quantificar e avaliar a valorização das ações de empresas que investem em responsabilidade social e ambiental foram criadas, a exemplo do Índice de Sustentabilidade Dow Jones, do Fundo Ethical FIA e do Índice de Sustentabilidade Empresarial (ISE) da Bolsa de Valores de São Paulo.

Além das medidas de eficiência de mercado, dos clamores da sociedade em se cuidar do futuro do Planeta, dos *stakeholders* que influenciam as políticas de consumo, o Poder Público pode adotar políticas de incentivo aos empreendimentos e atividades que aderem à corrente da responsabilidade socioambiental.

A ferramenta que o Poder Público dispõe para estabelecer mecanismos de gestão devem pautar-se em legislação, conforme o artigo 37, *caput*, com as tipologias constantes do artigo 59 da Constituição Federal (leis, decretos, resoluções etc.), podendo-se direcionar normas, diretrizes, objetivos, até mesmo nas ações de fomento por meio de certificações.

Nesse sentido, além do ganho de isenção de taxa, prioridade na tramitação de processos administrativos, a entrega de certificações possibilita um posicionamento estratégico e acesso a financiamentos públicos e privados, bem como a um mercado de consumidores exigentes e conectados com a mudança de hábitos em prol da sustentabilidade. Conforme alerta Saldiva (2010, p. 18):

> As cidades passaram, então, a ser o ponto central da questão ambiental de nosso país. É nelas que surge pressão por alimentos e energia que afeta as florestas e rios. A demanda por água e outros bens naturais, que modifica ou interrompe os cursos dos rios, que cria pastagem no que foi outrora cerrado, que planta no que era mata, é fruto das necessidades do homem urbano. Desta

forma, medidas que aumentem a sustentabilidade das cidades terão impactos benéficos que se estenderão para muito além de seus limites territoriais.

3.7.1 Índices de sustentabilidade no Município de Campinas (SP)

Neste item, tem-se como exemplo de internalização dos índices de sustentabilidade no processo de licenciamento ambiental o Município de Campinas (SP), conforme estatui a Lei Complementar nº 49/13 e o Decreto nº 18.705/15.

As iniciativas de sustentabilidade permitem a obtenção de incentivos tributários, com a possibilidade de isenção de até 50% da taxa de licenciamento ambiental e a priorização desses empreendimentos com redução no tempo de licenciamento ambiental, por meio de uma certificação denominada Selo de Sustentabilidade (Selo "S").

Os índices de sustentabilidade sob comento são divididos em duas etapas. Os incentivos financeiros consistem no reúso de água e aproveitamento de água pluvial, minimização e reciclagem internas de resíduos, permeabilidade do terreno em taxa maior do que a exigida no Plano Diretor (Boxe 3.11), utilização de madeira certificada e uso racional de recursos naturais (Boxe 3.12).

Boxe 3.11

O Plano Diretor de Campinas (Lei Complementar nº 15/06) estabelece permeabilidade mínima de 10% para novos empreendimentos, parcelamentos e demais aprovações edilícias. Nesse sentido, o Decreto Municipal nº 18.084/13, estabelece a aplicação de critérios de permeabilidade do solo também constantes de outros diplomas legais.

Boxe 3.12

A Lei Municipal nº 13.203/07 estabelece a obrigatoriedade de comprovação de procedência legal da madeira em móveis e instalações fornecidas ao poder público municipal e a Lei Municipal nº 14.949/14 obriga o uso de madeira legal nas obras de construção civil, reforma ou modificação.

O Selo de Sustentabilidade é conferido aos empreendedores que internalizarem em seus processos, obras e atividades a redução da emissão de gases causadores do efeito estufa (GEE), a redução da quantidade de efluentes gerados pelos processos e/ou atividades, quando o seu paisagismo apresentar exclusivamente espécies arbóreas e arbustivas nativas regionais e herbáceas não invasoras, o uso de materiais sustentáveis, a internalização de soluções passivas de conforto ambiental (acústico, térmico e iluminação), a reutilização/redução de matéria-prima, a apresentação de outras certificações ambientais – a exemplo da certificação Leadership in Energy and Environmental Design (LEED) –, e do Processo "Alta Qualidade Ambiental" (Aqua), a criação de Reserva Particular do Patrimônio Natural (RPPN) no imóvel, nos termos da Lei Federal nº 9.985/00 (Lei do Snuc), a adoção de tecnologias que contribuam para o uso racional de água e energia, medidas de meio ambiente de trabalho e capacitação dos trabalhadores além das exigências legais, a inclusão de reeducandos egressos do sistema penitenciário nas contratações para o empreendimento, obra ou atividade e medidas de acessibilidade adotadas além das obrigações legais.

Tais incentivos visam repactuar um instrumento de gestão, como é o licenciamento ambiental, somente como ferramenta de comando e controle, atrelado ao poder de polícia do Estado, e direcioná-lo, também, ao incentivo de práticas sustentáveis nas urbes.

4 Responsabilidade ambiental

Os capítulos anteriores trataram da matéria relativa ao licenciamento ambiental com base no princípio da prevenção, cuja análise se dá primordialmente quanto a estudos de impactos e passivos ambientais.

Neste tópico aborda-se a responsabilidade ambiental quanto a danos ambientais de empreendimentos, obras e atividades que se dão de forma irregular ou ilegal, acarretando prejuízo ao meio ambiente em todas as suas formas. Nesse toar, a responsabilidade ambiental é cotejada quando as regras e os princípios relativos ao licenciamento ambiental não são obedecidos.

Para tanto, a Constituição Federal estabelece a responsabilidade ambiental independentemente na seara civil, penal e administrativa, de pessoas físicas ou jurídicas, públicas ou privadas (art. 225, §3º), consubstanciando-se na tríplice responsabilidade. Anote-se que uma imputação de responsabilidade não exclui a outra, significando que aquele que cometer ilícito ambiental poderá ser responsabilizado triplamente.

Além dos princípios ambientais ordinários, a exemplo dos princípios do desenvolvimento sustentável e do poluidor-pagador, que norteiam a interpretação da *Lex Mater*, há que se destacar o princípio da dignidade da pessoa humana (Constituição Federal, art. 1º, III e art. 3º, IV), que, no dizer de Catalan (2005, p. 179), é "corolário máximo para a preservação da vida".

Neste capítulo, focam-se as responsabilidades administrativa e civil, as quais estão a cargo dos agentes públicos que licenciam e fiscalizam empreendimentos, obras e atividades objetos do licenciamento ambiental.

A imputação da responsabilidade administrativa é exclusiva dos membros do Poder Executivo da União, Estados, Distrito Federal e Municípios, por meio de sua administração direta (ministérios, secretarias, departamentos etc.) ou indireta (autarquias, fundações de empresa pública, sociedade de economia mista etc.). A responsabilidade civil, por outro lado, é compartilhada entre estes, o Ministério Público, a Defensoria Pública e associações – desde que estejam constituídas há pelo menos um ano nos termos da lei civil e incluam entre suas finalidades institucionais a proteção ao meio ambiente (Lei nº 7.347/85). Note-se que o Ministério Público é o único legitimado a ingressar com a ação de responsabilização criminal diante da prática de um crime ambiental, na maioria, disciplinada pela Lei nº 9.605/98 (Lei de Crimes Ambientais).

4.1 Responsabilidade ambiental administrativa

Na responsabilidade administrativa, parte-se da regra geral de que o órgão que licencia fiscaliza, eis que a Lei Complementar nº 140/11 estabelece a competência para lavrar auto de infração e procedimento administrativo ao órgão competente para o licenciamento ambiental e, como medida de cooperação, a competência fiscalizatória comum dos entes da Federação para a adoção de medidas urgentes para se evitar o dano ambiental (art. 17).

Sobre as medidas de colaboração dos entes federados na fiscalização ambiental de competência licenciatória a cargo de outro ente, segue o escólio de Farias (2013a, p. 87-88):

> Entretanto, o § 3º também é claro ao determinar que os entes federativos podem impor sanções administrativas aos empreendimentos não licenciados por ele, com a diferença de que tais penalidades possuem um caráter acessório e transitório no que diz respeito à atuação do ente licenciador. Em outras palavras, o auto de infração lavrado valerá apenas até que o órgão responsável pelo licenciamento ambiental tome posição em relação à penalidade aplicada, seja ele mesmo lavrando o seu auto de infração seja atestando a legalidade da atividade autuada.

O órgão fiscalizador fará uso das sanções administrativas oferecidas pela Lei nº 9.605/98 (Lei dos Crimes Ambientais), art. 70, a seguir transcrito:

> Art. 70. Considera-se infração administrativa ambiental toda ação ou omissão que viole as regras jurídicas de uso, gozo, promoção, proteção e recuperação do meio ambiente.
>
> § 1º São autoridades competentes para lavrar auto de infração ambiental e instaurar processo administrativo os funcionários

de órgãos ambientais integrantes do Sistema Nacional de Meio Ambiente – SISNAMA, designados para as atividades de fiscalização, bem como os agentes das Capitanias dos Portos, do Ministério da Marinha.

§ 2º Qualquer pessoa, constatando infração ambiental, poderá dirigir representação às autoridades relacionadas no parágrafo anterior, para efeito do exercício do seu poder de polícia.

§ 3º A autoridade ambiental que tiver conhecimento de infração ambiental é obrigada a promover a sua apuração imediata, mediante processo administrativo próprio, sob pena de co-responsabilidade.

§ 4º As infrações ambientais são apuradas em processo administrativo próprio, assegurado o direito de ampla defesa e o contraditório, observadas as disposições desta Lei.

Os órgãos ambientais integrantes do Sisnama, que em sede local correspondem aos órgãos ou entidades municipais responsáveis pelo controle e fiscalização das atividades e empreendimentos sujeitos ao licenciamento ambiental, conforme a Lei nº 6.938/81, art. 6º, VI, têm o dever de lavrar o auto de infração que veicula a sanção administrativa pelo descumprimento das normas e parâmetros de cunho ambiental, com respaldo no art. 23 da Constituição Federal e regulamentado pela Lei Complementar nº 140/11, art. 17.

O poder de polícia ambiental previsto no § 3º do art. 70 confere à Administração Pública a prerrogativa de zelar pelo meio ambiente, consistindo sua omissão no seu exercício em infração (Lei nº 9.605/98, art. 70, § 3º) e improbidade administrativas (Lei nº 98.429/92, art. 11, II).

Sobreleva destacar, também, que a Lei nº 6.938/81 – que dispõe sobre a Política Nacional do Meio Ambiente, seus fins e mecanismos de formulação e aplicação, e dá outras providências – disciplinou, em seu art. 9º, IX, como um dos instrumentos da Política Nacional do Meio Ambiente, "as penalidades disciplinares ou compensatórias ao não cumprimento das medidas necessárias à preservação ou correção da degradação ambiental".

No tocante ao procedimento do poder sancionar do Estado, o art. 71 estabelece os prazos para a defesa, julgamento e eventual recurso, respeitando-se o princípio da razoabilidade.

A prescrição da ação punitiva é determinada pela Lei nº 9.873/99, que prevê em seu art. 1º o prazo de cinco anos.

Em relação às normas complementares do procedimento administrativo, aplica-se subsidiariamente a Lei nº 9.784/99.

4.1.1 Sanções administrativas

A Lei nº 9.605/98 estabelece o rol de sanções a serem aplicadas pelos órgãos detentores do poder de polícia ambiental, nos termos de seu art. 72, a seguir transcrito:

> Art. 72. As infrações administrativas são punidas com as seguintes sanções, observado o disposto no art. 6º:
> I – advertência;
> II – multa simples;
> III – multa diária;
> IV – apreensão dos animais, produtos e subprodutos da fauna e flora, instrumentos, petrechos, equipamentos ou veículos de qualquer natureza utilizados na infração;
> V – destruição ou inutilização do produto;
> VI – suspensão de venda e fabricação do produto;
> VII – embargo de obra ou atividade;
> VIII – demolição de obra;
> IX – suspensão parcial ou total de atividades;
> X – (VETADO)
> XI – restritiva de direitos.

Em relação à aplicação das sanções expostas, cabe ao agente público decidir pela sanção e imputá-la motivadamente, nos termos dos arts. 37, *caput*, e 93, IX, da Constituição Federal, até porque pode haver tanto controle interno quanto externo dos atos dos agentes públicos.

Além da motivação, há que se respeitar o princípio da proporcionalidade entre a falta cometida pelo infrator e a sanção imposta pelo Poder Público, levando-se em conta a gravidade da lesão, suas consequências, o dolo ou culpa com que tenha agido o autor e as demais peculiaridades do caso.

A União deve observar rigorosamente o rol das sanções administrativas constantes do citado art. 72, e os Estados e Municípios podem acrescer outros tipos por meio de legislação própria.

Pincelam-se neste item as dez sanções disciplinadas pelo art. 72.

Advertência

A advertência será aplicada no caso de não cumprimento da legislação ou dos regulamentos, sem prejuízo das demais sanções aplicáveis, conforme dispõe o art. 72, § 2º, da Lei nº 9.605/98.

Comumente utilizada nas infrações leves ou nas cometidas por infratores primários, alicerça-se no princípio da prevenção, pois visa desestimular o infrator de persistir na prática lesiva ao meio ambiente.

Multa

A multa simples será aplicada sempre que o agente, por culpa ou dolo, não sanar as irregularidades no prazo consignado na advertência ou opuser embaraço à fiscalização, nos moldes do art. 72, § 3º, da Lei nº 9.605/98. O seu valor paira entre os limites de R$ 50,00 (cinquenta reais) e R$ 50.000.000,00 (cinquenta milhões de reais); os referidos limites máximos e mínimos constam do art. 75 da Lei nº 9.605/98, e Estados e Municípios poderão fixar limites mínimo e máximo superiores ao da União, com vistas a maior proteção do bem ambiental.

A fixação da multa embasa-se na unidade, no hectare, no metro cúbico, no quilograma ou na medida pertinente, de acordo com o objeto jurídico lesado, uma vez que subsume a pena pecuniária à agressão ao meio ambiente (Lei nº 9.605/98, art. 74 – Boxe 4.1).

> **Boxe 4.1**
>
> Os valores arrecadados serão revertidos a instituições, como o Fundo Nacional do Meio Ambiente, criado pela Lei nº 7.797/89, o Fundo Naval, criado pelo Decreto no 20.923/32, fundos estaduais ou municipais do meio ambiente ou correlatos, conforme dispuser o órgão arrecadador (art. 73 da Lei nº 9.605/98), e os Estados, Distrito Federal e Municípios podem criar fundos próprios.

Em homenagem ao princípio da autonomia dos entes federativos, cabe a cada um reconhecer, no caso concreto, o seu interesse em apurar ou não a responsabilidade administrativa do suposto infrator, respeitada a regra do art. 76 da Lei nº 9.605/98.

Os entes federativos têm atribuição comum de fiscalização da conformidade de empreendimentos e atividades efetiva ou potencialmente poluidoras, e prevalece o auto de infração ambiental lavrado por órgão que detenha a atribuição de licenciamento ou autorização (Lei Complementar nº 140/11, art. 17, § 3º – Boxe 4.2).

> **Boxe 4.2**
>
> Aliás, um ponto a ser observado sobre o pagamento da multa é o que dispõe o art. 76, cujo teor é que "o pagamento de multa imposta pelos Estados, Municípios, Distrito Federal ou Territórios substitui a multa federal na mesma hipótese de incidência", o qual foi derrogado pela Lei Complementar nº 140/11. De qualquer sorte, pelo que se pode aferir, quis o legislador evitar o *bis in idem*, uma vez que, recolhido aos cofres de qualquer ente federativo, afasta-se o pagamento de outro, com claro intuito de não onerar o infrator ambiental, não obstante à época já haver vozes na doutrina pela inconstitucionalidade do art. 76 por violar o pacto federativo (Silveira, 2007).

A multa simples pode ser convertida em serviços de preservação, melhoria e recuperação da qualidade do meio ambiente, conforme o mencionado art. 72, § 4º.

No caso de reincidência específica, o Decreto nº 6.514/08 determina que a multa imposta terá seu valor triplicado (art. 11, I) e, em sendo a reincidência genérica, o valor será duplicado (art. 11, II). Tem-se a reincidência específica quando do cometimento de infração da mesma natureza, e genérica quando de natureza diversa. Nesse caso, o valor é calculado sobre a multa devida em face da nova infração ambiental, e não da anteriormente imposta, consoante os critérios dos arts. 6º, 14 e 15 da Lei nº 9.605/98.

No sentido de zelar pela reparação ambiental em detrimento de simplesmente recolher valores pecuniários aos cofres públicos, é possível ao infrator solicitar a suspensão da exigibilidade das multas caso se obrigue a realizar medidas para fazer cessar ou corrigir a degradação do meio ambiente, mediante a assinatura de termo de compromisso perante a autoridade competente (Lei nº 9.605/98, art. 79-A e Decreto nº 6.514/08, art. 145). Desse modo, a multa será suspensa, aguardando-se o cumprimento da transação; todavia, se o acordo for descumprido, será cobrada de imediato.

Aborda-se o termo de compromisso juntamente com o termo de ajustamento de conduta com maior detalhamento na responsabilidade civil.

Apreensão de animais, produtos e subprodutos da fauna e da flora, instrumentos, petrechos, equipamentos ou veículos de qualquer natureza utilizados na infração

A apreensão consiste no ato pelo qual a autoridade administrativa, policial ou judiciária estabelece a tomada de bens e objetos de uso proibido, conforme explicitado no art. 25 da Lei nº 9.605/98.

Destruição ou inutilização de produto

Usualmente, a destruição e a inutilização estão ligadas às atividades de política sanitária, notadamente na destruição de gêneros perecíveis. As duas atividades também encontram guarida no art. 25 da Lei nº 9.605/98.

Suspensão de venda ou fabricação do produto

É uma sanção comumente aplicada pelas autoridades competentes pelo licenciamento de produtos, como alimento e remédios.

Embargo ou interdição de obra ou atividade

Outro instrumento preventivo que visa evitar construção, reforma ou atividade feita sem a observância das normas ambientais.

Não sendo o fato grave, o embargo pode ser temporário, isto é, de 15 ou 30 dias; se, ao contrário, o caso requerer, a suspensão de atividade pode ser até mesmo definitiva.

Demolição de obra

Consiste em medida extrema, tomada somente no caso de irregularidade insanável, de perigo à saúde pública ou de grave dano ambiental.

Podemos exemplificar o caso de demolição quando um edifício está inserto em APP em que se violam as normas ambientais (especialmente o Código Florestal), impedindo que a mata ciliar ou a nascente cumpram sua função ecológica.

Suspensão de atividades

Representa uma das mais severas medidas punitivas, uma vez que paralisa, fecha ou interdita as atividades produtivas. Para tal mister, deve a autoridade administrativa ter por base a gravidade do fato e suas consequências, bem como os antecedentes do infrator (Lei nº 9.605/98, art. 6º, I e II).

Nem sempre a sanção engloba o fechamento total do estabelecimento, permitindo-se estar adstrita às máquinas ou aos equipamentos que maculam o meio ambiente.

Redução das atividades

Essa sanção minimiza a infração anterior, apenas impondo a redução das atividades, e não sua cessação total.

Restritivas de direitos

As sanções restritivas de direitos são classificadas em (Lei nº 9.605/98, art. 72, § 8º):

a) suspensão ou cancelamento de registro, licença, permissão ou autorização;
b) perda ou restrição de incentivos e benefícios fiscais;
c) perda ou suspensão da participação em linhas de financiamento de estabelecimentos oficiais de crédito; e
d) proibição de contratar com a Administração Pública pelo período de até três anos.

Essas penalidades podem ser cominadas conjuntamente à pena principal, a exemplo da multa e da suspensão de obra ou atividade.

Para concluir, aponta Banunas (2003, p. 212) o foco da legislação em apreço: "A legislação ambiental, com relação às suas sanções administrativas, em especial à multa, é de determinar ao administrado poluidor mais que uma sanção, mas uma verdadeira mudança em seu comportamento".

O Município leva vantagem no uso de seu poder de polícia ambiental, porque pode conjugar esforços junto às Secretarias de Urbanismo ou Obras para incitar que o controle urbanístico de atividades e obras, quando de competência municipal, possam também fazer uso do poder de polícia administrativo de forma paralela e reforçar a ação do causador do dano ambiental em restabelecer o bem afetado e se integrar na regularidade do sistema de licenciamento.

4.2 Responsabilidade civil

Uma das vias de promover a eventual reversão do dano ambiental (recuperação, se possível), preservação, conservação ou compensação é pela ação judicial.

Pode-se afirmar que o processo é um poderoso instrumento ético destinado a servir à sociedade e ao Estado, notadamente no que se refere à tutela do direito ao meio ambiente ecologicamente equilibrado, visto que a ordem jurídica e legal deixou de se preocupar somente com as relações unipessoais, almejando trazer respostas efetivas a toda a coletividade. Transmuta-se da individualidade para a coletividade. O Supremo Tribunal Federal reforça a interpretação do conceito de interesses transindividuais na tutela coletiva (Brasil. Supremo Tribunal Federal. Pleno, v.u., RE163.231-3/SP. Relator: Min. Maurício Corrêa, j. em 26 fev. 97. *DJU*, 29 jun. 2001, p. 737).

As demandas coletivas (ou as ações de massa), capitaneadas pela ação popular e pela ação civil pública, ganham cada vez mais relevo no mundo jurídico, visando tutelar questões de interesse da sociedade, caminhando para um processo civil coletivo.

As ações relativas ao meio ambiente, na esfera civil, sempre serão ajuizadas na Justiça Comum (estadual ou federal), afastando-se as competências dos juizados especiais estaduais (Lei nº 9.099/95, art. 3º) e federais (Lei nº 10.259/01, art. 3º, § 1º, I). Os atores que sempre participarão dessas demandas judiciais coletivas são os Ministérios Públicos (Estadual e/ou Federal).

4.2.1 O Ministério Público, a tutela do meio ambiente e o controle do licenciamento ambiental

A atuação do Ministério Público na defesa do meio ambiente é importante, dadas as atribuições a ele conferidas pela Política Nacional do Meio Ambiente (Lei nº 6.938/81), Lei de Ação Civil Pública (Lei nº 7.347/85), Constituição Federal (arts. 127 e ss) e suas respectivas Leis Orgânicas, e tem se intensificado cada vez mais, especialmente na seara do licenciamento ambiental.

O Ministério Público exerce sua competência constitucional na proteção dos interesses transindividuais, notadamente o meio ambiente, seja na condição de parte, seja na de fiscal da lei. Dessas funções, destacam-se a de promover o inquérito civil, o termo de ajustamento de conduta e ajuizamento da ação civil pública, nos termos da Lei nº 7.347/85 e Constituição Federal, donde se transcreve o seu dispositivo inerente:

> Art. 129. São funções institucionais do Ministério Público: [...] III – promover o inquérito civil e a ação civil pública, para a proteção

do patrimônio público e social, do meio ambiente e de outros interesses difusos e coletivos.

No que concerne à previsão constitucional, Benjamin (1999, p. 52) comemora com a seguinte assertiva:

> Embora não imprescindível, o reconhecimento constitucional expresso de direitos e deveres inerentes ao nosso relacionamento com o ambiente é, jurídica e praticamente, útil, devendo, portanto, ser estimulado e festejado.

Nessa esteira, o Supremo Tribunal Federal deixou claro o papel do Ministério Público na proteção do meio ambiente e de outros interesses coletivos:

> A CF confere relevo ao Ministério Público como instituição permanente, essencial à função jurisdicional do Estado, incumbindo-lhe a defesa da ordem jurídica, do regime democrático e dos interesses sociais e individuais indisponíveis (CF, art. 127). Por isso mesmo detém o Ministério Público capacidade postulatória, não só para a abertura do inquérito civil, da ação penal pública e da ação civil pública para a proteção do patrimônio público e social, do meio ambiente, mas também de outros interesses difusos e coletivos (CF, art. 129, I e III). (Brasil. Supremo Tribunal Federal. Pleno, v.u., RE 163.231/SP. Relator: Min. Maurício Corrêa, j. em 26 fev. 1997. DJU, 29 jun. 2001, p. 55. No mesmo sentido: Brasil. Superior Tribunal de Justiça, 4ª Turma. REsp 97.684/SP. Relator: Min. Ruy Rosado de Aguiar, j. em 26 nov. 1996. DJU, 3 fev. 1997, p. 732).

Uma das características do atual Estado de direito é a preservação do meio ambiente; por isso, a previsão de direitos e deveres ambientais é aconselhável, mas não imprescindível, pois a sua tutela constitucional já está inserida explícita ou implicitamente em diversos dispositivos constitucionais, dentre os quais se destaca o art. 225. Existe um mínimo de preservação e respeito aos valores ambientais, especialmente no meio ambiente urbano, o qual o Estado de direito não tem a prerrogativa de macular. No entendimento de Freitas (2001, p. 443):

> As funções sociais da cidade exprimem direitos difusos que se dispersam pela coletividade, posto não ser possível afirmar, sempre, que só as pessoas individualmente consideradas são afetadas pelas atividades desenvolvidas na cidade. São proprietários, moradores, trabalhadores, comerciantes, turistas, migrantes, transeuntes, dentre outros, que utilizam um mesmo espaço territorial, a cidade, um bem de vida difuso.

Para tanto, o Ministério Público se utiliza privativamente das formas investigativas por meio do Inquérito Civil, de forma concorrente com outros órgãos públicos do manejo do termo de ajustamento de conduta e, com rol mais ampliado, da ação civil pública.

Inquérito civil

Este instrumento ingressou no ordenamento jurídico brasileiro por meio da Lei nº 7.437/85 (art. 8º, §1º), sendo posteriormente consagrada pela Constituição Federal em seu art. 129, III. Na sequência, outros diplomas legais também disciplinaram o inquérito civil, a exemplo do Código de Defesa do Consumidor (Lei nº 8.078/90, art. 90), do Estatuto da Criança e do Adolescente (art. 201, V) etc.

Consiste em um procedimento administrativo destinado à coleta de elementos para eventual e futura propositura de ação civil pública. Nele, o agente do Ministério Público poderá valer-se do poder de notificação para comparecimento ou de requisição, de qualquer organismo público ou particular, de certidões, informações, exames ou perícias, no prazo que assinalar, o qual não poderá ser inferior a dez dias.

Se, esgotadas todas as diligências, o órgão do Ministério Públicos se convencer da inexistência de fundamento para a propositura da ação civil pública, promoverá motivadamente o arquivamento dos autos do inquérito civil ou das peças informativas.

O ato de arquivamento do inquérito ou das peças de informação deve ser encaminhado ao Conselho Superior do Ministério Público e à Câmara de Coordenação e Revisão correspondente à matéria tratada no inquérito civil (nos Ministério Público Estadual e Federal, respectivamente), com lastro no art. 9º, § 1º da Lei nº 7.437/85.

Antes da apreciação pelo Conselho ou Câmara, as associações legitimadas poderão apresentar documentos e razões escritas.

Ação civil pública

Visa à prevenção, reparação e ressarcimento dos danos causados, que se retratam nos pedidos de fazer, não fazer e indenizar (Souza, 2005, p. 29) no âmbito da responsabilidade civil.

A ação civil pública foi referida, pela primeira vez, no ordenamento jurídico na Lei Complementar nº 40/81, art. 3º, III (Lei Orgânica do Ministério Público). Apesar de não ter feito menção expressa, a terminologia específica, a Lei nº 6.938/81 (Política Nacional de Meio Ambiente, trouxe um exemplo típico dessa ação, qual seja, a ação de responsabilidade civil por danos ambientais.

Na sequência histórica, a ação sob comento foi disciplinada pela Lei nº 7.347/85 (Lei da Ação Civil Pública) e na Constituição Federal de 1988 e está referenciada no art. 129, III, que trata das funções do Ministério Público.

Para tanto, a ação civil pública é o instrumento processual adequado para reprimir ou impedir danos ao meio ambiente, ao consumidor, a bens e direitos de valor artístico, estético, histórico, turístico e paisagístico. Além disso, atentando às infrações de ordem econômica, esse tipo de ação protege os interesses difusos da sociedade. Não se presta a amparar direitos individuais nem se destina à reparação de prejuízos causados a particulares pela conduta, comissiva ou omissiva, do réu.

Nas palavras de Mazzilli (2001, p. 66), "a ação civil pública é uma ação não-penal" que visa à defesa dos bens que expressamente enumera e de outros quaisquer interesses transindividuais, os quais são assim nomeados por ultrapassarem o limite da esfera e direitos e obrigações de cunho individual.

Os interesses transindividuais, metaindividuais ou coletivos *lato sensu* são os interesses difusos e os interesses coletivos, *stricto sensu*. Interesses difusos são aqueles em que os titulares não são previamente determinados ou determináveis e encontram-se ligados por uma situação de fato. São interesses indivisíveis, e, embora comuns a certas categorias de pessoas, não se pode afirmar com precisão a quem pertencem nem em que medida quantitativa são compartilhados; não há vínculo jurídico entre os titulares.

Interesses coletivos (*stricto sensu*) são aqueles que compreendem uma categoria determinada, ou pelo menos determinável, de pessoas. Dizem respeito a um grupo, classe ou categoria de indivíduos ligados por uma função jurídica e também têm natureza indivisível, na medida em que não podem ser compartilhados individualmente entre seus titulares. Atendido o interesse de um, estará atendido o de todos.

Os interesses individuais homogêneos, apesar de serem ontologicamente interesses individuais, podem ser tutelados, quando permite a legislação, por instrumentos de tutela jurisdicional coletiva, como a ação civil pública – por isso, são denominados interesses acidentalmente coletivos. Seus titulares são identificáveis e seu objeto é divisível e cindível. Caracteriza-se pela natureza comum, similar, semelhante entre todos os titulares, que estão ligados pela mesma situação de fato. O Código do Consumidor permite, inclusive, que esses direitos sejam defendidos coletivamente em juízo. Não se trata de litisconsórcio, com pluralidade subjetiva, mas de uma demanda só, objetivando a tutela dos interesses individuais homogêneos.

A Lei de Ação Civil Pública traz alguns exemplos de direitos que são por ela tutelados, como: meio ambiente, patrimônio cultural, patrimônio público e social, probidade administrativa, criança e adolescente, investidores no mercado de capitais, consumidores, portadores de deficiência, infração da ordem econômica e da economia popular.

No caso dos bens e direitos de valor histórico turístico e paisagístico, correlatos ao meio ambiente cultural, persiste discussão acerca da necessidade de tombamento para que se enquadrem entre os bens tutelados. O tombamento equivale a colocar sob o abrigo e a tutela pública os bens que, pelas suas características históricas, artísticas, naturais e arqueológicas, mereçam integrar o patrimônio cultural do país (Telles, 1992, p. 13). Indo além, admite a possibilidade da defesa de outros bens e valores que não se enquadram rigorosamente como de valor estético, artístico, turístico ou paisagístico, e isso por expressa disposição da Constituição Federal, que utiliza a expressão "proteção do patrimônio público e social" sem lançar mão de qualquer limitação.

O sujeito passivo da demanda coletiva é qualquer pessoa, física ou jurídica, pública ou privada, responsável por dano ou ameaça de dano a interesse difuso, coletivo ou individual homogêneo indisponível ou de relevância social.

Em relação à legitimidade ativa, para propor a ação civil pública, cabe proceder a uma diferença entre o processo civil ordinário e o coletivo. No direito processual civil comum, a legitimação pode ser ordinária ou extraordinária. Da primeira diz-se quando o titular do direito é também o titular da ação; na segunda, são pessoas diversas designadas por lei, consoante o art. 6º do Código de Processo Civil (substituição processual).

A legitimação ativa é atribuída ao Ministério Público, às pessoas jurídicas de direito público e de direito privado integrantes da Administração direta ou indireta, às defensorias públicas e às associações (Boxe 4.3) constituídas há pelo menos um ano (Boxe 4.4) e que tenham entre as suas finalidades institucionais a defesa do interesse tutelado na ação (representatividade adequada ou pertinência temática), nos termos do art. 5º da Lei 7.437/85, também inserta no art. 82 do Código de Defesa do Consumidor. Conforme observa Mirra (2004, p. 146), o legislador privilegiou a participação judicial semi-indireta na defesa do meio ambiente, porque atribuiu a iniciativa da ação civil pública a determinados "grupos ou instituições sociais secundários", afastando-se a participação direta do cidadão. O cidadão pode manejar, em prol do bem ambiental, a ação popular.

> **Boxe 4.3**
>
> O Superior Tribunal de Justiça já reconheceu a legitimidade ativa de associação de bairro para impedir a ampliação de um cemitério em Sete Praias (SP), junto à Represa Billings, zona de proteção de mananciais (Brasil. Superior Tribunal de Justiça. REsp 31.150/SP, 2ª Turma. Relator: Min. Ari Pargendler, j. 20 maio 1995. *Revista de Direito Ambiental*, São Paulo, RT, n. 17, p. 272-274, 2000).

> **Boxe 4.4**
>
> Esse requisito poderá ser dispensado pelo juiz, quando haja manifesto interesse social evidenciado pela dimensão ou característica do dano ou relevância do bem jurídico a ser protegido. (Código de Defesa do Consumidor, art. 82, § 1º).

A legitimidade ativa é exclusiva, pois somente os entes expressamente autorizados por lei podem ajuizar a ação coletiva. Além de exclusiva, essa legitimidade é concorrente e disjuntiva. A legitimidade ativa é disjuntiva, pois qualquer ente legitimado pode promover a ação sem a necessária presença do outro, salvo em relação ao Ministério Público, que sempre atuará como fiscal da lei quando não funcionar como parte. Conferir, nesse sentido, Mazzilli (2001, p. 236), Shimura (2006, p. 54-55) e Costa (2006, p. 385). Nessa linha:

> A legitimação será concorrente e disjuntiva sempre que todos os entes públicos tenham, pelas características da lide, seja pela natureza do bem jurídico ameaçado ou lesado, seja pela amplitude da ameaça ou da lesão, seja ainda pela quantidade e localização dos titulares dos interesses ameaçados ou lesados [...]. (Grinover et al., 2001, p. 759).

Por outro lado, Rodrigues (2004, p. 69, nota de rodapé n. 11) critica os termos "disjuntivo" e "concorrente" porque o primeiro:

> perpassa a idéia semântica de ou *um ou outro*, quando o que se quer dizer na norma é que *é um independentemente do outro*. A palavra *concorrente* também em nada resolve o problema, uma vez que concorrência significa convergência de fins. Por isso, entendemos que melhor seria a terminologia *coletiva*, *exclusiva* (não complexa) e *taxativa*.

Conferir, nessa linha, Cappelli (2004, p. 174).

No tocante ao Ministério Público, sua legitimação remonta de outros diplomas processuais, como a Lei nº 6.938/81, art. 14, § 1º; Lei nº 8.625/93, art. 25, IV, bem como o que consta do art. 127 e art. 129, III, da Constituição Federal de 1988.

No processo coletivo, pode-se afirmar que a legitimidade do Ministério Público é ordinária para a defesa dos interesses essencialmente coletivos (difusos e coletivos *stricto sensu*), pois os substituídos não têm legitimidade para ingressar com ação coletiva. Já no caso dos interesses individuais homogêneos (acidentalmente coletivos), a legitimidade do Ministério Público é extraordinária. Nesse sentido, Mazzili (2001, p. 95) também imputa aos direitos coletivos e individuais homogêneos a ocorrência da "efetiva conveniência social". Magistralmente, Assis (2006, p. 225) afirma que:

> o Ministério Público, a associação ou o cidadão [no caso da Ação Popular e conforme prescreve o Código Modelo de Processos Coletivos para a Ibero América (art. 3º, I)], conforme caso, legitimam-se ativamente, porque se mostram titulares do direito posto em causa, sem embargo de existirem outros titulares dos direitos parciais que, coletivamente, formam o objeto litigioso. Por esta

linha de raciocínio, a soma das partes adquire identidade própria e nova, substancialmente diversa das frações, de que é titular pessoa também diferente, graças à indivisibilidade. E tal legitimação se revela ordinária.

Muitos autores afirmam que nem o Ministério Público (ver Mazzilli, 2001, p. 229 e ss.), nem as pessoas jurídicas de direito público interno estão sujeitas à análise da representatividade adequada, embora boa parte da doutrina entenda que o direito processual coletivo não se filiou ao sistema da representatividade adequada – entre esses autores estão Rodolfo de Camargo Mancuso e Pedro da Silva Dinamarco. Ninguém discorda que as associações possuem uma legitimidade condicionada, uma vez que têm que atender aos requisitos da representatividade adequada (advinda do direito norte-americano como *adequacy of representation* para a *class action*, verificada pelo juiz no caso concreto), caracterizada pelo objetivo institucional e pelo tempo de constituição. Quando o *parquet* e uma associação civil ajuízam em conjunto uma ação civil pública em defesa do meio ambiente, dá-se a formação de um litisconsórcio ativo unitário, mas não necessário. Isso significa que o juiz deve decidir de modo igual para todos os litisconsortes situados no mesmo polo da demanda (unitário), mas na ação não precisa necessariamente constar de seu polo passivo vários litisconsortes (nesse caso, é facultativo).

Cabe aqui lembrar que, mesmo antes da Lei da Ação Civil Pública (Lei nº 7.347/85), a Lei da Política Nacional do Meio Ambiente (Lei Federal nº 6.938/81) já conferia ao Ministério Público legitimidade para propor, além da ação penal, a ação civil de responsabilidade pelos danos causados ao meio ambiente.

O papel do *parquet* na demanda coletiva em análise conta com ampla vantagem em relação aos demais legitimados, conforme afere Milaré (2007, p. 1013-1014):

> O Ministério Público, dentre os co-legitimados, teve reservada, pela Lei 7.347/1985, posição de relevo na condução da ação civil pública: é o único autorizado a promover o inquérito civil, com poderes de notificação e requisição, está sempre presente, quer como sujeito ativo da ação, quer como fiscal da lei, ou ainda, como assistente litisconsorcial, com ampla autonomia em relação à parte principal.

Por esse motivo, destacam-se as funções do Ministério Público na ação civil pública:

- atuar como autor ou, caso não seja, como fiscal da lei;
- promover a execução se o autor não o fizer em 60 dias do trânsito em julgado (sendo facultado aos demais legitimados, nos moldes do art. 15 da Lei nº 7.347/85);
- em caso de desistência infundada ou abandono da ação por legitimado, o Ministério Público ou outro legitimado assumirá a titularidade ativa. Na ação coletiva, a desistência infundada faz com que o Ministério Público ou outro legitimado ativo assuma o processo, na figura de substituição processual (Lei nº 7.347/85. art. 5º, § 3º). A desistência fundada, por outro lado, gerará sucessão processual;
- promover o inquérito civil, que é da competência exclusiva do Ministério Público; e
- propor, no bojo da ação coletiva, a lavratura e o termo de ajustamento de conduta (TAC).

Diferentemente dos demais colegitimados, o Ministério Público não pode desistir da ação civil pública, podendo, no entanto, manifestar-se pela improcedência ao final, se assim se convencer.

Se, no exercício de suas funções, os juízes e tribunais tiverem conhecimento de fatos que possam ensejar a propositura de ação civil pública, remeterão peças ao Ministério Público para as providências cabíveis.

O juízo competente é o do local em que ocorrer ou possa ocorrer o dano, tanto para ação principal quanto para a cautelar (Lei nº 7.347/85, art. 2º e art. 4º). Se o dano alcançar mais de uma comarca, a competência será fixada pela prevenção, o que ocasionará a reunião dos processos no juízo prevento (Lei nº 7.347/85, art. 2º, par. ún.).

Se o dano é nacional (envolvendo o país) ou regional (envolvendo vários Estados), a regra a ser aplicada, por analogia, é do art. 93 do Código de Defesa do Consumidor, ou seja, a ação será ajuizada em qualquer capital no caso de dano nacional e regional, nos foros das capitais envolvidas.

Impende informar que prevalece a competência da Justiça Federal e, portanto, de atribuição do Ministério Público Federal quando envolver bem de domínio da União (Constituição Federal, art. 109, I), a exemplo de tutela de manguezal em área de marinha (Boxe 4.5).

Boxe 4.5 Jurisprudência de interesse

PROCESSUAL CIVIL. AÇÃO CIVIL PÚBLICA. TUTELA DE DIREITOS TRANSINDIVIDUAIS. MEIO AMBIENTE. COMPETÊNCIA. REPARTIÇÃO DE ATRIBUIÇÕES ENTRE O MINISTÉRIO PÚBLICO FEDERAL E ESTADUAL. DISTINÇÃO ENTRE COMPETÊNCIA E LEGITIMAÇÃO ATIVA. CRITÉRIOS. 1. A ação civil pública, como as demais, submete-se, quanto à competência, à regra estabelecida no art. 109, I, da Constituição, segundo a qual cabe aos juízes federais processar e julgar "as causas em que a União, entidade autárquica ou empresa pública federal forem interessadas na condição de autoras, rés, assistentes ou oponentes, exceto as de falência, as de acidente de trabalho e as sujeitas à Justiça Eleitoral e a Justiça do Trabalho". Assim, figurando como autor da ação o Ministério Público Federal, que é órgão da União, a competência para a causa é da Justiça Federal. [...] 4. À luz do sistema e dos princípios constitucionais, nomeadamente o princípio federativo, é atribuição do Ministério Público da União promover as ações civis públicas de interesse federal e ao Ministério Público Estadual as demais. Considera-se que há interesse federal nas ações civis públicas que (a) envolvam matéria de competência da Justiça Especializada da União (Justiça do Trabalho e Eleitoral); (b) devam ser legitimamente promovidas perante os órgãos Judiciários da União (Tribunais Superiores) e da Justiça Federal (Tribunais Regionais Federais e Juízes Federais); (c) sejam da competência federal em razão da matéria – as fundadas em tratado ou contrato da União com Estado estrangeiro ou organismo internacional (CF, art. 109, III) e as que envolvam disputa sobre direitos indígenas (CF, art. 109, XI); (d) sejam da competência federal em razão da pessoa – as que devam ser propostas contra a União, suas entidades autárquicas e empresas públicas federais, ou em que uma dessas entidades figure entre os substituídos processuais no pólo ativo (CF, art. 109, I); e (e) as demais causas que envolvam interesses federais em razão da natureza dos bens e dos valores jurídicos que se visa tutelar. 6. No caso dos autos, a causa é da competência da Justiça Federal, porque nela figura como autor o Ministério Público Federal, órgão da União, que está legitimado a promovê-la, porque visa a tutelar bens e interesses nitidamente federais, e não estaduais, a saber: o meio ambiente em área de

> manguezal, situada em terrenos de marinha e seus acrescidos, que são bens da União (CF, art. 20, VII), sujeitos ao poder de polícia de autarquia federal, o IBAMA (Leis 6.938/81, art. 18, e 7.735/89, art. 4º). 7. Recurso especial provido. (Brasil. Superior Tribunal de Justiça. REsp 440.002/SE, 1ª Turma. Relator: Min. Teori Albino Zavascki, j. em 18 nov. 2004. *DJ*, 6 dez. 2004, p. 195).

O processo segue o rito ordinário, possibilitando a aplicação subsidiária do Código de Processo Civil (Lei nº 7.437/85, art. 19), com a peculiaridade de admitir concessão de liminar suspensiva (Lei nº 7.437/85, art. 12) (Boxe 4.6) – desde que ocorram o *fumus boni iuris* e o *periculum in mora* –, após a oitiva do representante judicial da pessoa jurídica de Direito Público, no prazo de 72 horas(Lei nº 8.437/92, art. 2º), sendo possível a suspensão de segurança da eficácia liminar (Lei nº 7.437/85, art. 12, § 1º) e da eficácia da sentença (Lei nº 8.437/92, art. 4º, § 1º), conforme Rodrigues (2005, p. 368-382).

> **Boxe 4.6**
>
> Cumpre apontar que há doutrinadores que entendem ser a medida liminar estatuída no art. 12 da Lei de Ação Civil Pública "verdadeira antecipação dos efeitos da tutela pretendida, a ser concedida no próprio processo de conhecimento, inclusive em nível liminar e *inaudita altera parte*, se necessário" (Mirra, 2005, p. 339).

Cabe na medida liminar o arbitramento de multa, para assegurar o cumprimento da ordem judicial (Lei nº 7.437/85, art. 12, § 2º). A multa na medida liminar diferencia-se da definitiva (multa diária), pois esta se torna devida e exigível desde a sentença (único momento), e a multa liminar se torna devida desde o descumprimento da medida liminar, mas somente exigível depois do trânsito em julgado da sentença que julgar procedente a ação civil pública (dois momentos). Note-se que a multa, na ação coletiva, será cobrada após o trânsito em julgado da decisão favorável ao autor. Nesse sentido, ver o escólio de Marinoni e Arenhart (2007, p. 82): "A multa, para exercer sua finalidade coercitiva, não precisa ser cobrada antes do trânsito em julgado. A finalidade coercitiva não se relaciona com a cobrança imediata da multa, mas apenas com a possibilidade de sua cobrança futura".

Da concessão da liminar, cabe agravo de instrumento (Lei nº 7.437/85, art. 12) e pedido de suspensão ao Presidente do Tribunal competente para a apreciação do recurso, decisão da qual caberá agravo interno (Lei nº 7.437/85, art. 12, § 1º). Poderá o Presidente ouvir o autor e o Ministério Público no prazo de 72 horas (Lei nº 8.437/92, art. 4º, § 2º).

Também é possível o ajuizamento de medida cautelar preparatória, a fim de evitar o dano. Aplicam-se, outrossim, à ação civil pública as mesmas disposições relativas à suspensão de liminares (Lei nº 8.437/92, art. 4º, §§ 3º a 9º). Quanto à tutela antecipada, terá o mesmo tratamento que as liminares, podendo ser suspensa pelo Presidente, conforme art. 1º da Lei nº 9.494/99.

De acordo com a Lei nº 8.437/92, poderá haver a suspensão dos efeitos da sentença até seu trânsito em julgado, assim como da liminar concedida. O juiz poderá conceder efeito suspensivo aos recursos para evitar dano irreparável à parte.

Conforme dispõe o art. 18 da Lei nº 7.437/85, na ação civil pública não haverá adiantamento de custas, emolumentos, honorários periciais e quaisquer outras despesas nem condenação da associação autora, salvo comprovada má-fé em honorários advocatícios, custas e despesas processuais.

Segundo jurisprudência, vencido o Ministério Público, não caberia condenação em honorários, tendo em vista que o *parquet* age em nome da coletividade, embora alguns defendam o cabimento desse ônus ao Estado, com fundamento em sua responsabilidade objetiva.

Outro ponto de destaque é a inversão do ônus da prova na ação coletiva na proteção dos interesses da coletividade, com base na hipossuficiência científica que provoca desequilíbrio das partes, bem como com fulcro no princípio da precaução. Nessa esteira, é o tribunal paulista:

> AÇÃO CIVIL PÚBLICA – MEIO AMBIENTE – Prova pericial. Inversão do ônus. Encargos respectivos carreados ao réu. Possibilidade, nas circunstâncias. Exegese do disposto no CDC, em exame conjunto com a Lei nº 7.347/85. Cabe ao réu produzir prova de que sua atitude não provocou os danos acusados. Recurso improvido. (São Paulo. Tribunal de Justiça de São Paulo. AI 596.629-5/1, Jundiaí, C.Esp.MA. Relator: Des. J. G. Jacobina Rabello, j. em 22 mar. 2007).

▷ Controle incidental de constitucionalidade e ação civil pública

O Supremo Tribunal Federal decidiu que a ação civil pública, por ter eficácia *erga omnes* (contra todos), não pode ser utilizada como sucedâneo de ação direta de inconstitucionalidade, isto é, a ação civil pública não pode resultar na declaração *in abstracto* da inconstitucionalidade de lei federal, estadual ou mesmo municipal em face da Constituição Federal.

Isso não significa, contudo, a impossibilidade de se praticar, em sede ação civil pública, o controle incidental de constitucionalidade das leis e dos atos (por via de exceção), vez que a coisa julgada, na hipótese, não recairá sobre a inconstitucionalidade em si, cujo reconhecimento não constitui o objeto do pedido. A inconstitucionalidade é apenas fundamento do pedido.

Observe-se que a questão constitucional, na referida ação, deve ser alegada na causa de pedir (Boxe 4.7), nunca como um pedido único e exclusivo (que consiste na obrigação de fazer, não fazer ou dar).

Boxe 4.7 **Jurisprudência de interesse**
Nesse sentido:

> AÇÃO CIVIL PÚBLICA – CONTROLE DIFUSO VERSUS CONTROLE CONCENTRADO DE CONSTITUCIONALIDADE. Proclamou o Supremo Tribunal Federal não ocorrer usurpação da própria competência quando a inicial da ação civil pública encerra pedido de declaração de inconstitucionalidade de ato normativo abstrato e autônomo, seguindo-se o relativo à providência buscada jurisdicionalmente – Reclamação nº 2.460-1/RJ. Ressalva de entendimento. RECLAMAÇÃO – NEGATIVA DE SEGUIMENTO. A contrariedade do pleito formulado a precedente do Plenário revela quadro ensejador da negativa de seguimento à reclamação. (Brasil. Supremo Tribunal Federal. Pleno, v.u., Rcl 2.687/PA. Relator: Min. Marco Aurélio, j. em 23 set. 2004. STF-LEX 315/149).

Note-se que no Supremo Tribunal Federal são recorrentes os acórdãos nessa esteira: Brasil. Supremo Tribunal Federal. Pleno, Rcl 2.460/RJ. Relator: Min. Marco Aurélio, j. em 10 mar. 2004. *DJU*, 6 ago. 2004, p. 21; Brasil. Supremo Tribunal Federal. Pleno, Rcl 2.224/SP. Relator: Min. Sepúlveda Pertence, j. em 26 out. 2005. *Revista Digital de Direito*

> *Público*, v. 37, p. 126-130; Brasil. Supremo Tribunal Federal. 2ª Turma, v.u., RE 227.159/GO. Relator: Min. Néri da Silveira, j. em 12 mar. 2002. *DJU*, 17 mai. 2002, p. 73. Nos mesmos trilhos, segue o Superior Tribunal de Justiça: Brasil. Superior Tribunal de Justiça. REsp 439.539-DF. Relator: Min. Eliana Calmon, j. em 6 out. 2003. *DJU*, 28 out. 2003, p. 186. *Revista Digital de Direito* Público, vol. 10, p. 127 e Brasil. Superior Tribunal de Justiça. 1ª Turma, v.u. REsp 441761/SC. Relator: Min. Denise Arruda, j. em 5 dez. 2006. *DJU*, 18 dez. 2006, p. 306).

Dessa forma, segundo a jurisprudência dos Tribunais Superiores, é legítima a utilização da ação civil pública como instrumento de fiscalização incidental de constitucionalidade, pela via difusa, de quaisquer leis ou atos do Poder Público, desde que a controvérsia constitucional não se identifique como objeto único da demanda, mas simples questão prejudicial, indispensável à resolução do litígio principal (Boxe 4.8).

> **Boxe 4.8**
>
> Com base nesse entendimento, o Supremo Tribunal Federal recentemente desproveu recurso extraordinário interposto pelo Distrito Federal, contra acórdão do Superior Tribunal de Justiça, em que se pretendia que fosse julgado improcedente o pedido formulado em ação civil pública ajuizada pelo Ministério Público do Distrito Federal, fundada na inconstitucionalidade da Lei Distrital nº 754/94, que regulamenta a ocupação de espaços em logradouros públicos na região, ou que fosse restabelecido o acórdão do Tribunal de Justiça do Distrito Federal e Territórios que, acolhendo a preliminar de ilegitimidade ativa do Ministério Público para a ação, extinguira o processo sem julgamento de mérito. Alegava-se, na espécie, que a ação civil pública teria sido utilizada como sucedâneo de ação direta de inconstitucionalidade. Considerou-se, no mérito, que a declaração de inconstitucionalidade da lei seria apenas um dentre outros seis pedidos formulados na ação civil, configurando-se, ademais, como uma nítida causa de pedir. (Brasil. Supremo Tribunal Federal. Pleno, RE 424993/DF. Relator: Min. Joaquim Barbosa, j. em 12 set. 2007. *DJ*, 19 out. 2007, p. 29).

A ação civil pública pode ser proposta em caso de lesão ou ameaça de lesão, sendo a ação, conforme o caso, principal ou cautelar. Pode ter por objeto:

a) a condenação do réu em perdas e danos (a indenização será destinada ao Fundo de Defesa dos Interesses Difusos – FDDD, que objetiva a reparação dos bens lesados); e

b) cumprimento de obrigação de fazer ou não fazer, hipótese em que o juiz determinará o cumprimento da prestação da atividade devida ou a cessação da atividade nociva, sob pena de execução específica ou de cominação de multa diária, se esta for suficiente ou compatível, independentemente de requerimento do autor (Lei nº 7.437/85, art. 11). Essa multa diária só será exigível do réu após o trânsito em julgado da decisão favorável ao autor, mas será devida desde o dia em que se houver configurado o descumprimento.

A ação civil pública poderá ter por objeto a condenação em dinheiro ou o cumprimento de obrigação de fazer ou não fazer, não havendo impedimento para que tais pedidos sejam cumulativos. "Todas as ações civis públicas, voltadas à tutela dos interesses difusos, podem ser objeto de natureza constitutiva, declaratória, condenatória e mandamental." (São Paulo. Tribunal de Justiça do Estado de São Paulo. Apelação Cível 229.321-1/9, da Comarca de São Paulo, 6ª Câmara Cível. Relator: Des. Aclídes Burgarelli, j. em 29 jun. 1995).

Havendo condenação em obrigação de pagar, a indenização pelo dano causado reverterá a um fundo gerido por um Conselho Federal ou por Conselhos Estaduais, de que participarão necessariamente o Ministério Público e representantes da comunidade, sendo seus recursos destinados à reconstituição dos bens lesados (Lei nº 7.437/85, art. 13). No plano federal, tal tarefa é atribuída ao FDDD, regulado atualmente pelo Decreto nº 1.306/94, cuja administração cabe a um Conselho integrante da estrutura do Ministério da Justiça, criado pela Lei nº 9.008/95.

No tocante aos recursos, as Leis nº 7.347/85 e 8.078/70 não trataram de uma sistemática recursal específica em sede de ação civil pública, de modo que se aplicam as regras do Código de Processo Civil (Lei nº 7.347/85, art. 19).

Quanto à extensão da coisa julgada, que é o fenômeno que torna imutável os efeitos da sentença (Souza, 2005, p. 89), no processo coletivo, na lei de ação civil pública e no código de defesa do consumidor, o ordenamento tratou de questões que podem ser assim sistematizadas:

a) extensão da coisa julgada nas ações sobre interesses difusos, coletivos e individuais homogêneos; e
b) eficácia individual da sentença coletiva.

Quanto aos interesses difusos, inserido aqui os do meio ambiente, o julgado produzirá efeitos *erga omnes* no caso de procedência e improcedência, salvo se, no último caso, o insucesso da ação decorrer da insuficiência de provas. Todos os titulares dos interesses são alcançados pelo comando da sentença.

No que tange os interesses coletivos, o legislador determinou a ocorrência da coisa julgada *ultra partes*, limitada ao grupo, categoria ou classe, salvo na hipótese de improcedência por insuficiência de provas.

A extensão do julgado coletivo, para servir como título executivo para os indivíduos lesados, só é permitida in *utilibus*, não sendo admissível a extensão prejudicial.

Outra abordagem diz respeito à extensão da coisa julgada nas demandas sobre interesses individuais homogêneos. Aqui, a incidência da sentença será *erga omnes*, mas só incidirá se houver procedência da demanda. Em sendo improcedente a demanda, qualquer que seja a razão, ninguém será alcançado, nem mesmo os colegitimados. A abrangência objetiva e subjetiva do julgado refere-se necessariamente aos lesados individualmente, naquilo em que cada situação particular se identificar com a genérica, deduzida na demanda coletiva. Há previsão de que:

a) se procedente a demanda coletiva, os interessados que não tiverem interferido como litisconsortes poderão propor ações individuais de indenização;
b) os autores de demandas individuais não serão beneficiados pela decisão coletiva se não for requerida a suspensão da ação individual no prazo de 30 dias a contar da ciência, no feito, do ajuizamento da ação coletiva.

Aqueles que tenham requerido a suspensão das ações individuais, na hipótese de improcedência da coletiva, não serão prejudicados, porque as primeiras retomarão seu curso. Não há limite temporal para a suspensão das demandas individuais, pois a prejudicialidade externa implicará a manutenção da crise de instância enquanto a demanda coletiva estiver pendente. Além disso, o demandante da ação individual deve ser intimado a respeito do pedido de suspensão, caso seja ajuizada a ação coletiva.

Anote-se que, sendo julgada definitivamente procedente a demanda coletiva antes da individual, estará afastado o interesse de agir na ação singular, sendo cabível a extinção desta sem o julgamento do mérito, uma vez que já foi formado o título executivo judicial em favor do indivíduo interessado.

É importante lembrar, outrossim, que a redação do art. 16 da Lei nº 7.437/85 limita os efeitos subjetivos da coisa julgada aos substituídos que tenham domicílio no âmbito da competência territorial do órgão prolator da decisão.

▷ Ação civil pública e ação popular

Nota-se que atualmente a ação popular e a ação civil pública apresentam área comum de tutela, considerando a ampliação do objeto da primeira pela atual Constituição Federal, pois ambas podem ser propostas para a tutela do meio ambiente e do patrimônio histórico ou cultural, e do patrimônio público. Daí decorrem várias consequências e discussões jurídicas sobre a possibilidade de litispendência, da continência ou conexão de ações, e até mesmo da coisa julgada entre ações civil pública e popular. Tais eventos deverão ser resolvidos pelas regras do processo civil tradicional, subsidiárias para tanto.

A ação popular é um remédio que a Constituição Federal põe à disposição dos cidadãos para provocar a atividade jurisdicional, visando corrigir atos lesivos ao patrimônio público ou de entidade de que o Estado participe, à moralidade administrativa, ao meio ambiente e ao patrimônio histórico e cultural, conforme art. 5º, LXXIII:

> LXXIII – qualquer cidadão é parte legítima para propor ação popular que vise a anular ato lesivo ao patrimônio público ou de entidade de que o Estado participe, à moralidade administrativa, ao meio ambiente e ao patrimônio histórico e cultural, ficando o autor, salvo comprovada má-fé, isento de custas judiciais e do ônus da sucumbência.

Esse instrumento processual, ao lado da iniciativa popular das leis, do plebiscito e do referendo, corrobora o disposto no art. 1º, parágrafo único, da Constituição Federal, constituindo, portanto, um instrumento de democracia direta e participação política.

No campo processual, aplica-se a Lei de Ação Popular – LAP (Lei nº 4.717/65) e, subsidiariamente à ação popular, o Código de Processo Civil, nos termos do art. 22 da Lei 4.717/65, assim como o título III do Código de Defesa do Consumidor, conforme o seu art. 117.

Sobre os limites objetivos do julgado que acolhe a ação popular: "A sentença que, julgando procedente a ação popular, decretar a invalidade do ato impugnado condenará ao pagamento de perdas e danos os responsáveis pela sua prática e os beneficiários dele" (Lei nº 4.717/65, art. 11).

Assim, a ilegalidade e a lesividade levam à desconstituição do ato impugnado e também ao ônus do ressarcimento. Desse modo, pode-se afirmar que a ação popular é uma ação (des)constitutiva, ou "constitutiva negativa", em que se objetiva a anulação do ato imputado como lesivo ao patrimônio público, e condenatória, porque se visa à responsabilização do(s) agente(s) implicado(s) no ato sindicado, inclusive terceiros beneficiados diretamente, como quer o art. 6º da Lei nº 4.717/65. É preciso, todavia, entender o comando condenatório nas ações populares com a necessária amplitude que o tema requer.

Não se trata apenas de condenação de cunho pecuniário, sendo possíveis condenações de outra sorte, compreensivas de prestações positivas e negativas, inclusive concernentes a valores não materiais, como a proteção de certa paisagem de singular beleza natural. Outrossim, cabe ter presente que os preceitos referentes a obrigações de fazer e não fazer poderão ser efetivados mediante as medidas de apoio previstas pelo art. 461 do Código de Processo Civil, aplicável subsidiariamente.

Saliente-se que a ofensa à moralidade, por si só, permite o desfazimento do ato pela ação popular. Tem-se, então, como requisito, apenas a lesividade, mas não necessariamente de cunho patrimonial.

É importante lembrar-se de que a ação popular visa tutelar apenas interesses difusos enquanto a ação civil pública tem por escopo a proteção dos interesses difusos, coletivos e individuais homogêneos, numa abrangência maior.

Termo de ajustamento de conduta (TAC)

Diante da responsabilidade ambiental civil, exsurge o TAC para dar azo à reparação ambiental do bem lesado, sem prejuízo do delineamento das medidas mitigadoras dos impactos e/ou danos ambientais apurados tecnicamente.

Colhe-se seu fundamento legal da Lei de Ação Civil Pública, Lei nº 7.347/85, art. 5º, § 6º, conforme transcrito a seguir:

§ 6º Os órgãos públicos legitimados poderão tomar dos interessados compromisso de ajustamento de sua conduta às exigências legais, mediante cominações, que terá eficácia de título executivo extrajudicial.

Podem firmar o TAC os órgãos públicos explicitados na Lei de Ação Civil Pública: Ministério Público, Defensoria Pública, União, Estados, Distrito Federal e Municípios. Tais órgãos públicos legitimados (Boxe 4.9) poderão tomar dos interessados compromisso de ajustamento de conduta às exigências legais, mediante cominações, isto é, obrigações de dar, fazer e/ou não fazer (Lei nº 7.437/85, art. 5º, § 6º, e Lei nº 8.078/90, art. 113).

> **Boxe 4.9**
>
> Ministério Público, pessoas políticas, autarquias, fundações e órgão públicos que não tenham personalidade jurídica própria (art. 82, III do Código de Defesa do Consumidor). Neste ponto, muito se discute se empresas públicas e sociedade de economia mista (pessoas jurídicas de direito privado) podem firmar o TAC. Uma vez que prestam serviços de relevante interesse público, situação já admitida pelo Tribunal de Justiça do Estado de São Paulo, no caso da Cetesb (sociedade de economia mista).

Denota-se que o rol de legitimados para ingressar com a ação civil pública é mais amplo, abrangendo, também, a associação que esteja constituída há pelo menos um ano nos termos da lei civil e inclua, entre suas finalidades institucionais, a proteção ao patrimônio público e social, ao meio ambiente, ao consumidor, à ordem econômica, à livre concorrência, aos direitos de grupos raciais, étnicos ou religiosos ou ao patrimônio artístico, estético, histórico, turístico e paisagístico (Lei nº 7.347/85, art. 5º, V).

Para os Poderes Executivos, o referido instrumento faz-se importante, assim como ajuizamento de ação civil pública, principalmente quando as medidas administrativas (de poder de polícia) restam infrutíferas (multa, multa diária e embargo ambiental), recomendando-se o acionamento da via da responsabilidade civil do causador do dano ambiental. Para o Ministério Público, o mesmo instrumento pode se valer do TAC em sede de inquérito civil (procedimento administrativo investigativo), o que é muito comum.

Na prática, o órgão público que mais utiliza esse instrumento jurídico de recomposição dos bens ambientais é o Ministério Público em sede de processo administrativo investigatório (inquérito civil).

O TAC pode se antecipar a uma ação judicial ou ser firmado no curso da ação, e o aludido termo terá a eficácia de título executivo extrajudicial, independentemente de homologação judicial (Boxe 4.10), exceto se o acordo for proposto no curso da ação.

> **Boxe 4.10**
>
> Em São Paulo, uma vez tomado o termo de compromisso, o Ministério Público deverá levá-lo ao Conselho Superior do Ministério Público para homologação de seu arquivamento do inquérito civil correlato, conforme art. 112, parágrafo único, da Lei Complementar nº 734/93.

Além do conteúdo coercitivo, o TAC possui, assim como o processo de licenciamento ambiental e aplicação de penalidades, um viés pedagógico significativo, cujo efeito indireto é inibir novas condutas lesivas ao meio ambiente.

4.2.2 Considerações necessárias sobre a judicialização do licenciamento ambiental

Certamente, a relevância da atuação do Ministério Público é importante e salutar na qualidade de órgão de controle externo da Administração Pública, zelando pelo cumprimento das normas jurídicas e probidade dos agentes políticos e administrativos. Nesse sentido, é o que reza a Constituição Federal em seu art. 127:

> O Ministério Público é instituição permanente, essencial à função jurisdicional do Estado, incumbindo-lhe a defesa da ordem jurídica, do regime democrático e dos interesses sociais e individuais indisponíveis.

Todavia, em matéria de licenciamento ambiental, em que a tecnicidade é preponderante, com atuação circunscrita no cumprimento da legislação ambiental e parâmetros técnicos afetos (Engenharia, Biologia, Ecologia, Geografia, Antropologia, entre outros ramos do conhecimento), muita vezes a atuação do *parquet* acaba não tendo repercussão efetiva e com desdobramentos qualitativos, porque, apesar de o licenciamento ambiental consistir num dos mais importantes instrumentos de gestão ambiental, não o é de política ambiental, consistente na elaboração de normas de interferência e vocação dos caminhos que se quer trilhar no campo ambiental. O licenciamento ambiental é somente uma ferramenta de controle ambiental afeto a uma obra, atividade ou empreendimento específico.

Agrega-se a esse fato que os órgãos ministeriais são precariamente assessorados por equipe multidisciplinar, com recursos humanos escassos e orçamento reduzido para a contratação de assessoria especializada externa, bem como sobrecarregados com denúncias de cidadãos, organizações não governamentais, com dificuldade em dar vazão à gama de atribuição e especialização que se requer na área, especialmente no seu papel de intermediador de conflitos.

Todas essas situações dificultam o diálogo necessário que esse importante órgão público deve ter com seus interlocutores – os agentes de licenciamento, os empreendedores e a comunidade afetada pela obra, empreendimento ou atividade.

Um caminho de fiscalização preventiva em sede de licenciamento ambiental é extraída de experiência pretérita do Consema, em que um membro do Ministério Público tinha assento fixo. Dessa forma, com as devidas adaptações aos Conselhos Municipais de Meio Ambiente, esse membro tinha acesso ao conhecimento antecipado e ampliado dos processos de licenciamento ambiental de obras, empreendimentos e atividades a serem instaladas no Município, podendo agir, se fosse o caso, no início do processo, uma vez que, na fase da oitiva dos Conselhos Municipais, apenas a leitura técnica estaria concluída. Para não macular sua liberdade de atuação, o membro do Ministério Público pode abster-se da votação no Plenário do Conselho, apenas mantendo-se na posição de órgão fiscalizador e intermediador de conflitos.

Nesse toar, vejam-se as considerações de Fiorillo, Morita e Ferreira (2011, p. 193 e 222):

> Ocorre que o Ministério Público tem sido induzido a erros por denúncias infundadas e não tendo suficiente qualificação técnica, com assessoria às vezes discricionária, tem acarretado atrasos na emissão de licenças ou mesmo até interrompendo empreendimentos já em andamento. [...]

Os promotores geralmente intervêm no processo de licenciamento ambiental quando acionado por ONGs; algumas com sérios propósitos na defesa do meio ambiente, outras atendem a interesse específicos, nem sempre relacionados com a defesa do meio ambiente. Muitas vezes, utilizam-se de técnicos dos próprios órgãos ambientais para fornecerem embasamentos a laudos periciais, o que provoca deslocamento dos técnicos das funções originais para absorverem essas demandas.

Nessa linha, a intervenção dos membros do Ministério Público no processo de licenciamento ambiental é importante e necessária, contribuindo para que os agentes públicos não se desvirtuem de seu norte primordial – defender e preservar o meio ambiente para as gerações presente e futura. Contudo, essa intervenção merece aprimoramento e constante diálogo, especialmente quanto à abrangência e à complexidade que a temática ambiental apresente em decorrência dos processos de formação, ocupação e estabelecimento de atividades nas cidades.

Referências Bibliográficas

ALOCHIO, L. H. A. *Direito de Saneamento*: introdução à lei de diretrizes nacionais de saneamento básico. Campinas: Millennium, 2007.

ALVARENGA, P. *Proteção jurídica do meio ambiente*. São Paulo: Lemos e Cruz, 2005.

AMORIM, V. G. de. *A licença e o licenciamento ambiental e seus aspectos controvertidos sob a visão legal, doutrinária e jurisprudencial*. 2001. 130 f. Dissertação (Especialização em Direito Público) – Instituto Brasiliense de Direito Público/IDP, Brasília, DF, 2008.

ANTUNES, P. B. de. *Direito ambiental*. 8. ed. Rio de Janeiro: Lumen Juris, 2005.

ANTUNES, P. B. de. Princípio da precaução: breve análise de sua aplicação pelo Tribunal Regional Federal da 1ª Região. *Interesse público*, Belo Horizonte, v. 41, n. 9, p. 41-74, jan./fev. 2007.

ARAÚJO, L. A. D. (Coord.) *A tutela da água e algumas implicações nos direitos fundamentais*. Bauru: ITE, 2002.

ARAÚJO, S. C. *Licenciamento ambiental no Brasil*: uma análise jurídica e jurisprudencial. Rio de Janeiro: Lumen Juris, 2013.

ASSIS, A. de. Substituição processual. In: DIDIER Jr. (Org.). *Leituras complementares de processo civil*. Salvador: JusPODIVM, 2006.

AZEVEDO, P. F. de. *Ecocivilização*. 3. ed. São Paulo: Revista dos Tribunais, 2014.

BANUNAS, I. T. *Poder de polícia ambiental e o município*. Porto Alegre: Sulina, 2003.

BARROS, M. T. L. Gestão de recursos hídricos. In: PHILLIPPI Jr. A.; ALVES, A. C. (Edit.). *Curso interdisciplinar de direito ambiental*. Barueri: Manole, 2005. p. 811-861.

BARROS, L. V. Direito à informação socioambiental e desenvolvimento sustentável. *Revista de Direito Ambiental*, São Paulo, v. 45, n. 12, jan./mar. 2007.

BENJAMIN, A. H. V. Introdução ao direito ambiental brasileiro. *Revista de direito ambiental*, São Paulo, v. 4, n. 14, abr./jun.1999.

BENJAMIN, A. H. V. O regime brasileiro de unidades de conservação. *Revista de Direito Ambiental*, São Paulo, v. 6, n. 21, jan./mar. 2001.

BIM, E. F. *Licenciamento ambiental*. 1. ed. Rio de Janeiro: Lumen Juris, 2014.

BOBBIO, N. *A era dos direitos*. 6. ed. São Paulo: Campus, 1992.

BRASIL. Ministério do Meio Ambiente. *Declaração do Rio sobre Meio Ambiente e Desenvolvimento (Eco-92)*. Rio de Janeiro, 3 a 14 jun. 1992. (Conferência das Nações Unidas reafirma a Declaração da Conferência das Nações Unidas sobre o Meio Ambiente Humano, adotada em Estocolmo em 16 de jun. de 1972). Disponível em: <http://www.onu.org.br/rio20/img/2012/01/rio92.pdf>. Acesso em: 1º dez. 2015.

BRASIL. *Educação ambiental*: as grandes orientações da conferência de Tbilisi. Brasília: Instituto Brasileiro do Meio Ambiente e dos Recursos Naturais Renováveis, 1997a.

BRASIL. Ministério do Meio Ambiente. *Carta da Terra*. Rio de Janeiro, 1997b. (Fórum Rio+5). Disponível em: <http://www.mma.gov.br/estruturas/agenda21/_arquivos/carta_terra.pdf>. Acesso em: 1º dez. 2015.

BUGALHO, N. R. Estudo prévio de impacto ambiental. *Revista de Direito Ambiental*, São Paulo, São Paulo, v. 4, n. 15, jul./set. 1999.

CANOTILHO, J. J. G. *Protecção do ambiente e direito de propriedade*: crítica de jurisprudência ambiental. Portugal: Coimbra, 1995.

CANOTILHO, J. J. G. *Direito constitucional e teoria da Constituição*. 3. ed. Lisboa: Almedina, 1999.

CANEPA, C. Educação ambiental: ferramenta para a criação de uma nova consciência planetária. *Revista de Direito Constitucional e Internacional*, São Paulo, v. 48, n. 12, jul./set. 2004.

CAPPA, J. *Cidades e aeroportos no século XXI*. Campinas: Alínea, 2013.

CAPPELLI, S. Ação civil pública ambiental. *Revista de Direito Ambiental*. v. 33, n. 9. jan./mar. 2004.

CARNEIRO, C. da S. P. *Licenciamento ambiental*: prevenção e controle. Rio de Janeiro: Lumen Juris, 2014.

CARVALHO FILHO, J. dos S. *Manual de Direito Administrativo*. 17. ed. Rio de Janeiro: Lumen Juris, 2007.

CASTRO, J. M. A. Y. *Tutela civil do meio ambiente*. Porto Alegre: Sergio Antonio Fabris Editor, 2006.

CATALAN, M. J. Fontes principiológicas do direito ambiental. *Revista de Direito Ambiental*, São Paulo, v. 10, n. 38, abr./jun. 2005.

CONFERÊNCIA DAS NAÇÕES UNIDAS SOBRE O MEIO AMBIENTE HUMANO. Estocolmo, 5 a 16 jun. 1972. Disponível em: <www.mma.gov.br/estruturas/agenda21/_arquivos/estocolmo.doc>. Acesso em: 1º dez. 2015.

COSTA, N. N.; ALVES, G. M. *Constituição Federal anotada e explicada*. Rio de Janeiro: Forense, 2002.

COSTA, R. H. Reflexões sobre os princípios de direito urbanístico na Constituição de 1988. In: FREITAS, J. C. *Temas de direito urbanístico*. São Paulo: Imprensa Oficial do Estado; Ministério Público do Estado de São Paulo, 2001.

COSTA, S. H. da. Comentários à lei de ação civil pública – art. 5º. In.: COSTA, S. H. da (Coord.). *Lei de ação civil pública e lei de ação popular*. São Paulo: Quartier Latin, 2006.

CUNHA, D. F. S. *Patrimônio cultural*: proteção legal e constitucional. Rio de Janeiro: Letra Legal, 2004.

CUSTÓDIO, H. B. *Direito ambiental e questões jurídicas relevantes*. Campinas: Millenium, 2005.

DALLARI, A. A. Aspectos jurídicos do plano diretor: seminário o Estatuto da Cidade. *Revista de Direito Imobiliário*, v. 24, n. 51, jul./dez. 2001.

DAWALIBI, M. Licença ou autorização ambiental? *Revista de Direito Ambiental*, v. 17, jan. 2000.

DIDIER Jr., F.; CUNHA, L. J. C. *Curso de Direito Processual Civil:* meios de impugnação às decisões judiciais e processo nos tribunais. Salvador: JusPODIVM, 2006.

DOBRENKO, B. A caminho de um fundamento para o direito ambiental. In: KISHI, S. A.; SILVA, S. T. da; SOARES, V. P. (Org.). *Desafios do Direito Ambiental no século XXI:* estudos e homenagens a Paulo Affonso Leme Machado. São Paulo: Malheiros, 2005. p. 59-84.

D'OLIVEIRA, R. L. D. Nota sobre alguns aspectos polêmicos do licenciamento ambiental. *Revista de Direito Processual Geral*, Rio de Janeiro, v. 61, p. 273-298, 2006.

DOMOULIS, D.; MARTINS, L. *Teoria geral dos direitos fundamentais.* São Paulo: Revista dos Tribunais, 2007.

EQUADOR. Constitución del Ecuador, aprovada em 28 set. 2008. <http://www.asambleanacional.gov.ec/documentos/constitucion_de_bolsillo.pdf>. Acesso em: 18 nov. 2015.

FARIAS, P. J. L. *Água:* bem jurídico econômico ou ecológico? Brasília: Brasília Jurídica, 2005.

FARIAS, T. A repartição de competências para o licenciamento ambiental e a atuação dos Municípios. *Revista de Direito Ambiental*, São Paulo, v. 11, n. 43, p. 264-265, jul./set. 2006.

FARIAS, T. Fiscalização e sanção no licenciamento ambiental antes e depois da Lei Complementar nº 140/2011. *Fórum de Direito Urbano e Ambiental – FDUA*, Belo Horizonte, ano 12, n. 69, p. 87-88, maio./jun. 2013a.

FARIAS, T. *Licenciamento ambiental:* aspectos teóricos e práticos. 4. ed. Belo Horizonte: Fórum, 2013b.

FARIAS, T.; CORREIA, A. F. Licenciamento ambiental e sustentabilidade no meio ambiente urbano. *Fórum Municipal & Gestão das Cidades – FMGC*, Belo Horizonte, ano 2, n. 3, p. 69-76, jan./fev. 2014.

FERNANDES, E. *Direito urbanístico.* Belo Horizonte: Del Rey, 1998.

FIORILLO, C. A. P. *Curso de direito ambiental brasileiro.* 4. ed. São Paulo: Saraiva, 2003.

FIORILLO, C. A. P.; MORITA, D. M.; FERREIRA, P. *Licenciamento Ambiental.* São Paulo: Saraiva, 2011.

FINK, D. R. Legislação ambiental aplicada. In: PHILIPPI JR., A. *Saneamento, saúde e ambiente:* fundamentos para um desenvolvimento sustentável. Barueri: Manole, 2005. p. 733-760.

FINK, D. R.; ALONSO Jr., H.; DAWALIBI, M. *Aspectos jurídicos do licenciamento ambiental.* 2. ed. Rio de Janeiro: Forense Universitária, 2002.

FIORILLO, C. A. P.; RODRIGUES, M. A. *Manual de direito ambiental e legislação aplicada.* São Paulo: Limonad, 1997.

FIORILLO, C. A. P.; MORITA, D. M.; FERREIRA, P. *Licenciamento Ambiental.* São Paulo: Saraiva, 2011.

FREITAS, J. C. O Estatuto da Cidade e o equilíbrio no espaço urbano. In: FREITAS, J. C. *Temas de direito urbanístico.* São Paulo: Imprensa Oficial do Estado; Ministério Público do Estado de São Paulo, 2001. 3 v.

FREITAS, J. Princípio da precaução: vedação de excesso e inoperância. *Revista de Direito Público*, São Paulo, v. 7, n. 35, jan./fev. 2006.

GASPARINI, D. *O Município e o parcelamento do solo*. 2. ed. São Paulo: Saraiva, 1988.

GOMES, L. R. Princípios constitucionais de proteção ao meio ambiente. *Revista de Direito Ambiental*, São Paulo, v. 4, n. 16, p. 164-191, out./dez. 1999.

GOMES, L. R. O princípio da função social da propriedade e a exigência constitucional de proteção ambiental. *Revista de Direito Ambiental*, São Paulo, v. 5, n. 17, jan./mar. 2000.

GRANZIERA, M. L. M. Outorga de direito de uso da água: aspectos legais. *Revista de Direito Ambiental*, São Paulo, v. 4, n. 26, abr./jun. 2002.

GRINOVER, A. P. et al. *Código Brasileiro de defesa do consumidor*: comentado pelos autores do anteprojeto. 7. ed. Rio de Janeiro: Forense Universitária, 2001.

HUMBERT, G. Competência no licenciamento ambiental: município é regra e não a exceção. In: FÓRUM DE DIREITO URBANO E AMBIENTAL – FDUA, ano 10, n. 55, jan./fev. 2011, Belo Horizonte. Disponível em: <http://bid.editoraforum.com.br/bid/PDI0006.aspx?pdiCntd=71736>. Acesso em: 23 maio 2015.

LEITE, J. R. M.; AYALA, P. A. *Dano ambiental – do indivíduo ao coletivo extrapatrimonial. Teoria e Prática*. 6. ed. São Paulo: Revista dos Tribunais, 2014.

LENZA, P. *Direito Constitucional esquematizado*. 8. ed. São Paulo: Método, 2005.

LISBOA, R. S. *Contratos difusos e coletivos*. 2. ed. São Paulo: Revista dos Tribunais, 2000.

MACHADO, P. A. L. Meio ambiente e Constituição Federal. *Interesse Público*, São Paulo, v. 5, n. 21, set./out. 2003.

MACHADO, P. A. L. *Direito ambiental brasileiro*. 18. ed. São Paulo: Malheiros, 2010.

MANCUSO, R. de C. *Interesses difusos*: conceitos e legitimação para agir. 2. ed. São Paulo: Revista dos Tribunais, 1991.

MARINONI, L. G.; ARENHART, S. C. *Curso de Processo Civil*. São Paulo: Revista dos Tribunais, 2007. 3 v.

MARQUES, J. R. *Meio ambiente urbano*. Rio de Janeiro: Forense Universitária, 2005.

MARTINS, F. P. T. Aplicação do princípio da proporcionalidade ao direito ambiental. *Revista de direito ambiental*, São Paulo, v. 46, n. 12, abr./jun. 2007.

MAZZILLI, H. N. *A defesa dos interesses difusos em juízo*. 13. ed. São Paulo: Saraiva, 2001.

MELLO, C. A. B. de. *Curso de direito administrativo*. 13. ed. São Paulo: Malheiros, 2001.

MEIRELLES, H. L. *Direito de construir*. 7. ed. São Paulo: Malheiros, 1996.

MILARÉ, É. *Direito do meio ambiente*. 5. ed. São Paulo: Revista dos Tribunais, 2007.

MILARÉ, É.; BENJAMIN, H. V. *Estudo de impacto ambiental*: teoria, prática e legislação. São Paulo: Revista dos Tribunais, 1993.

MILARÉ, É.; SETZER, J. Aplicação do princípio da precaução em áreas de incerteza científica: exposição a campos eletromagnéticos gerados por estações de radiobase. *Revista de Direito Ambiental*, v. 11, n. 41, jan./mar. 2006.

MIRRA, Á. L. V. *Ação civil pública e reparação do meio ambiente*. 2. ed. São Paulo: Juarez de Oliveira, 2004.

MIRRA, Á. L. V. Responsabilidade civil ambiental e cessação da atividade lesiva ao meio ambiente. In.: KISHI, S. A. S.; SILVA, S. T.; SOARES, I. V. P. (Org.). *Desafios do Direito Ambiental no século XXI*: estudos em homenagem a Paulo Affonso Leme Machado. São Paulo: Malheiros, 2005.

MOLINARO, C. A. *Direito ambiental: proibição de retrocesso*. Porto Alegre: Livraria do Advogado, 2007.

NOBRE JÚNIOR, E. P. Função administrativa e participação popular. *Boletim de Direito Municipal*, São Paulo, v. 19, n. 6, p. 408-416, jun. 2003.

OLIVEIRA, A. I. de A. *O licenciamento ambiental*. São Paulo: Iglu, 1999.

OLIVEIRA, G. H. J. Participação administrativa. *Boletim de Direito Administrativo*, São Paulo, v. 21, n. 11, nov. 2005.

OLIVEIRA, R. F. *Comentários ao Estatuto da Cidade*. 2. ed. São Paulo: Revista dos Tribunais, 2005.

PAULO, V.; ALEXANDRINO, M. *Direito tributário na Constituição e no STF*: teoria e jurisprudência. 11. ed. Rio de Janeiro: Impetus, 2006.

PHILLIPPI JR., A.; ALVES, A. C. (Ed.). *Curso interdisciplinar de Direito Ambiental*. Barueri: Manole, 2005.

PIETRO, M. S. D. *Direito Administrativo*. 11. ed. São Paulo: Atlas, 1999.

RODRIGUES, M. A. *Ação civil pública e meio ambiente*. 2. ed. Rio de Janeiro: Forense Universitária, 2004.

RODRIGUES, M. A. XXV – Observações críticas acerca da suspensão de segurança na ação civil pública (art. 4º da Lei 8.347/1992 e art. 12, §1º, da LACP). In.: MILARÉ, É. *A ação civil pública após 20 anos*: efetividade e desafios. São Paulo: Revista dos Tribunais, 2005. p. 368-382.

RODRIGUES, M. A. Aspectos jurídicos da compensação ambiental. *Revista de Direito Ambiental*, n. 46, abr./jun. 2007.

ROSA, P. S. da. *O licenciamento ambiental à luz da teoria dos sistemas autopoiéticos*. Rio de Janeiro: Lumen Juris, 2009.

SACHS, I. *Caminhos para o desenvolvimento sustentável*. Rio de Janeiro: Garamond, 2000.

SALDIVA, P. et al. *Meio Ambiente e saúde*: o desafio das metrópoles. São Paulo: Ex Libris, 2010.

SANTILLI, J. *Socioambientalismo e novos direitos*. São Paulo: Peirópolis, 2005.

SHIMURA, S. *Tutela coletiva e sua efetividade*. São Paulo: Método, 2006.

SILVA, J. A. *Direito urbanístico brasileiro*. 3. ed. São Paulo: Malheiros, 2000.

SILVA, J. A. Bens de interesse público e meio ambiente. *Interesse Público*, Belo Horizonte, v. 3, n. 10, abr./jun. 2001.

SILVA, J. A. *Curso de direito constitucional positivo*. 23. ed. São Paulo: Malheiros, 2004.

SILVA, J. A. *Direito ambiental constitucional*. 8. ed. São Paulo: Malheiros, 2010.

SILVEIRA, E. D. Da inconstitucionalidade do artigo 76 da Lei dos Crimes Ambientais. *Revista de Direito Ambiental*, São Paulo, v. 47, n. 12, p. 27-41, jul./set. 2007.

SOUZA, M. C. de. *Meio ambiente sadio*: direito fundamental em crise. Curitiba: Juruá, 2003.

SOUZA, M. C. de. *Ação civil pública e inquérito civil*. 2. ed. São Paulo: Saraiva, 2005.

STRUCHEL, A. C. O. Agenda urbano-ambiental para o Município de Campinas. In: FERNANDES, E.; ALFONSIN, B. (Org.). *Direito urbanístico*: estudos brasileiros e internacionais. Belo Horizonte: Del Rey, 2006. 1 v., p. 273-285.

STRUCHEL, A. C. O.; GUIRAO, A. C. Aspectos jurídicos de uma unidade de conservação em área urbana. *Revista dos Tribunais*, v. 917, 2012.

TEIXEIRA, O. P. B. *O direito ao meio ambiente ecologicamente equilibrado como direito fundamental*. Porto Alegre: Livraria do Advogado, 2006.

TELLES, A. A. Q. *Tombamento e seu regime jurídico*. São Paulo: Revista dos Tribunais, 1992.

TUPIASSU, L. V. da C. O direito ambiental e seus princípios informativos. *Revista de direito ambiental*, São Paulo, v. 30, n. 8, p. 155-178, abr./jun. 2003.

VIEIRA, D. L. Princípio da precaução *versus* princípio da equivalência substancial e a polêmica em torno da liberação dos transgênicos no Brasil. *Interesse público*, Belo Horizonte, v. 41, n. 9, p. 109-120, jan./fev. 2007.

YOSHIDA, C. Y. M. Jurisdição e competência em matéria ambiental. In: MARQUES, J. R. (org.). *Leituras complementares de direito ambiental*. Salvador: Juspodivum, 2008.

A Apêndice

Compêndio da principal legislação nacional manuseada em sede de licenciamento ambiental municipal

Este compêndio de legislação ambiental consiste em material de apoio a este livro.

O referido material não visa abordar toda a legislação vigente, mas apenas as principais normas manuseadas em sede de licenciamento ambiental municipal em nível nacional.

Licenciamento ambiental

Legislação	Ementa	Endereço eletrônico
Lei nº 6.938, de 31 de agosto de 1981	Dispõe sobre a Política Nacional do Meio Ambiente, seus fins e mecanismos de formulação e aplicação, e dá outras providências.	http://www.planalto.gov.br/ccivil_03/Leis/L6938.htm
Lei Complementar nº 140, de 8 de dezembro de 2011	Fixa normas, nos termos dos incisos III, VI e VII do *caput* e do parágrafo único do art. 23 da Constituição Federal, para a cooperação entre a União, os Estados, o Distrito Federal e os Municípios nas ações administrativas decorrentes do exercício da competência comum relativas à proteção das paisagens naturais notáveis, à proteção do meio ambiente, ao combate à poluição em qualquer de suas formas e à preservação das florestas, da fauna e da flora; e altera a Lei nº 6.938, de 31 de agosto de 1981.	http://www.planalto.gov.br/ccivil_03/leis/LCP/Lcp140.htm
Resolução Conama nº 1, de 23 de janeiro de 1986	Dispõe sobre o Estudo de Impacto Ambiental.	http://www.mma.gov.br/port/conama/res/res86/res0186.html
Resolução Conama nº 237, de 19 de dezembro de 1997	Regulamenta os aspectos de licenciamento ambiental estabelecidos na Política Nacional do Meio Ambiente.	http://www.mma.gov.br/port/conama/res/res97/res23797.html
Resolução Conama nº 9, de 3 de dezembro de 1987	Dispõe sobre a realização de audiências públicas no processo de licenciamento ambiental.	http://www.mma.gov.br/port/conama/legiabre.cfm?codlegi=60

Áreas verdes/Vegetação/Florestas

Legislação	Ementa	Endereço eletrônico
Lei nº 12.651, de 25 de maio de 2012	Dispõe sobre a proteção da vegetação nativa; altera as Leis nºs 6.938, de 31 de agosto de 1981, 9.393, de 19 de dezembro de 1996, e 11.428, de 22 de dezembro de 2006; revoga as Leis nºs 4.771, de 15 de setembro de 1965, e 7.754, de 14 de abril de 1989, e a Medida Provisória nº 2.166-67, de 24 de agosto de 2001; e dá outras providências.	http://www.planalto.gov.br/ccivil_03/_ato2011-2014/2012/lei/l12651.htm
Lei nº 11.428, de 22 de dezembro de 2006	Dispõe sobre a utilização e proteção da vegetação nativa do bioma Mata Atlântica, e dá outras providências.	http://www.mma.gov.br/port/conama/legiabre.cfm?codlegi=526
Decreto nº 6.660, de 21 de novembro de 2008	Regulamenta dispositivos da Lei nº 11.428, de 22 de dezembro de 2006, que dispõe sobre a utilização e proteção da vegetação nativa do Bioma Mata Atlântica.	http://www.planalto.gov.br/ccivil_03/_ato2007-2010/2008/decreto/d6660.htm
Lei nº 9.985, de 18 de julho de 2000	Regulamenta o art. 225, § 1º, incisos I, II, III e VII da Constituição Federal, institui o Sistema Nacional de Unidades de Conservação da Natureza e dá outras providências.	http://www.planalto.gov.br/ccivil_03/LEIS/L9985.htm
Decreto nº 4.340, de 22 de agosto de 2002	Regulamenta artigos da Lei nº 9.985, de 18 de julho de 2000, que dispõe sobre o Sistema Nacional de Unidades de Conservação da Natureza (Snuc), e dá outras providências.	http://www.planalto.gov.br/ccivil_03/decreto/2002/d4340.htm
Resolução Conama nº 302, de 20 de março de 2002	Dispõe sobre os parâmetros, definições e limites de APPs de reservatórios artificiais e o regime de uso do entorno.	http://www.mma.gov.br/port/conama/res/res02/res30202.html
Resolução Conama nº 303, de 20 de março de 2002	Dispõe sobre parâmetros, definições e limites de APPs.	http://www.mma.gov.br/port/conama/res/res02/res30302.html
Resolução Conama nº 369, de 28 de março de 2006	Dispõe sobre os casos excepcionais, de utilidade pública, interesse social ou baixo impacto ambiental, que possibilitam a intervenção ou supressão de vegetação em APP.	http://www.mma.gov.br/port/conama/legiabre.cfm?codlegi=489
Resolução Conama nº 429, de 28 de fevereiro de 2011	Dispõe sobre a metodologia de recuperação das APPs.	http://www.mma.gov.br/port/conama/legiabre.cfm?codlegi=644
Resolução Conama nº 2, de 18 de abril de 1996	Reparação dos danos ambientais causados pela destruição de florestas e outros ecossistemas em sede de licenciamento ambiental de empreendimentos de relevante impacto ambiental.	http://www.mma.gov.br/port/conama/res/res96/res0296.html
Resolução Conama nº 10, de 1º de outubro de 1993	Define parâmetros básicos para análise dos estágios de sucessão da Mata Atlântica.	http://www.mma.gov.br/port/conama/res/res93/res1093.html

Unidades de Conservação (UCs)

Legislação	Ementa	Endereço eletrônico
Lei nº 9.985, de 18 de julho de 2000	Regulamenta o art. 225, § 1º, incisos I, II, III e VII da Constituição Federal, institui o Sistema Nacional de Unidades de Conservação da Natureza e dá outras providências.	http://www.planalto.gov.br/ccivil_03/LEIS/L9985.htm
Decreto no 4.340, de 22 de agosto de 2002	Regulamenta artigos da Lei nº 9.985, de 18 de julho de 2000, que dispõe sobre o Snuc, e dá outras providências.	http://www.planalto.gov.br/ccivil_03/decreto/2002/d4340.htm
Resolução Conama nº 428, de 17 de dezembro de 2010	Dispõe, no âmbito do licenciamento ambiental, sobre a autorização do órgão responsável pela administração da UC, de que trata o § 3º do artigo 36 da Lei nº 9.985 de 18 de julho de 2000, bem como sobre a ciência do órgão responsável pela administração da UC no caso de licenciamento ambiental de empreendimentos não sujeitos a EIA-RIMA, e dá outras providências.	http://www.mma.gov.br/port/conama/legiabre.cfm?codlegi=641

Lixo/Resíduos sólidos

Legislação	Ementa	Endereço eletrônico
Lei nº 12.305, de 2 de agosto de 2010	Institui a Política Nacional de Resíduos Sólidos, altera a Lei nº 9.605, de 12 de fevereiro de 1998, e dá outras providências.	http://www.planalto.gov.br/ccivil_03/_ato2007-2010/2010/lei/l12305.htm
Decreto nº 7.404, de 23 de dezembro de 2010	Regulamenta a Lei nº 12.305, de 2 de agosto de 2010, que institui a Política Nacional de Resíduos Sólidos, cria o Comitê Interministerial da Política Nacional de Resíduos Sólidos e o Comitê Orientador para a Implantação dos Sistemas de Logística Reversa, e dá outras providências.	http://www.planalto.gov.br/ccivil_03/_ato2007-2010/2010/Decreto/D7404.htm
Resolução Conama nº 307, de 5 de julho de 2002	Estabelece diretrizes, critérios e procedimentos para a gestão dos resíduos da construção civil.	http://www.mma.gov.br/port/conama/legiabre.cfm?codlegi=307
Resolução Conama nº 404, de 11 de novembro de 2008	Estabelece critérios e diretrizes para o licenciamento ambiental de aterro sanitário de pequeno porte de resíduos sólidos urbanos.	http://www.mma.gov.br/port/conama/legiabre.cfm?codlegi=592
Resolução Conama nº 313, de 29 de outubro de 2002	Dispõe sobre o Inventário Nacional de Resíduos Sólidos Industriais.	http://www.mma.gov.br/port/conama/legiabre.cfm?codlegi=335
Resolução Conama nº 275, de 25 de abril de 2001	Estabelece o código de cores para os diferentes tipos de resíduos, a ser adotado na identificação de coletores e transportadores, bem como nas campanhas informativas para a coleta seletiva.	http://www.mma.gov.br/port/conama/legiabre.cfm?codlegi=273

Água/Recursos hídricos

Legislação	Ementa	Endereço eletrônico
Lei nº 9.433, de 8 de janeiro de 1997	Institui a Política Nacional de Recursos Hídricos, cria o Sistema Nacional de Gerenciamento de Recursos Hídricos, regulamenta o inciso XIX do art. 21 da Constituição Federal, e altera o art. 1º da Lei nº 8.001, de 13 de março de 1990, que modificou a Lei nº 7.990, de 28 de dezembro de 1989.	http://www.planalto.gov.br/ccivil_03/LEIS/L9433.htm
Decreto nº 24.643, de 10 de julho de 1934	Decreta o Código de Águas.	http://www.planalto.gov.br/ccivil_03/decreto/d24643.htm
Lei nº 12.334, de 20 de setembro de 2010	Estabelece a Política Nacional de Segurança de Barragens destinadas à acumulação de água para quaisquer usos, à disposição final ou temporária de rejeitos e à acumulação de resíduos industriais; cria o Sistema Nacional de Informações sobre Segurança de Barragens; e altera a redação do art. 35 da Lei nº 9.433, de 8 de janeiro de 1997, e do art. 4º da Lei nº 9.984, de 17 de julho de 2000.	http://www.planalto.gov.br/ccivil_03/_Ato2007-2010/2010/Lei/L12334.htm
Lei nº 9.984, de 17 de julho de 2000	Dispõe sobre a criação da Agência Nacional de Águas (ANA), entidade federal de implementação da Política Nacional de Recursos Hídricos e de coordenação do Sistema Nacional de Gerenciamento de Recursos Hídricos, e dá outras providências.	http://www.planalto.gov.br/ccivil_03/Leis/L9984.htm
Lei nº 13.081, de 2 de janeiro de 2015	Dispõe sobre a construção e a operação de eclusas ou de outros dispositivos de transposição hidroviária de níveis em vias navegáveis e potencialmente navegáveis; altera as Leis nºs 9.074, de 7 de julho de 1995, 9.984, de 17 de julho de 2000, 10.233, de 5 de junho de 2001, e 12.712, de 30 de agosto de 2012; e dá outras providências.	http://www.planalto.gov.br/ccivil_03/_Ato2015-2018/2015/Lei/L13081.htm
Resolução Conama nº 396, de 3 de abril de 2008	Dispõe sobre a classificação e diretrizes ambientais para o enquadramento das águas subterrâneas e dá outras providências.	http://www.mma.gov.br/port/conama/legiabre.cfm?codlegi=562
Resolução Conama nº 454, de 1º de novembro de 2012	Estabelece as diretrizes gerais e os procedimentos referenciais para o gerenciamento do material a ser dragado em águas sob jurisdição nacional.	http://www.mma.gov.br/port/conama/legiabre.cfm?codlegi=693
Resolução Conama nº 357, de 17 de março de 2005	Dispõe sobre a classificação dos corpos d'água e diretrizes ambientais para o seu enquadramento, bem como estabelece as condições e padrões de lançamento de efluentes, e dá outras providências.	http://www.mma.gov.br/port/conama/res/res05/res35705.pdf
Resolução Conama nº 430, de 13 de maio de 2011	Dispõe sobre as condições e padrões de lançamento de efluentes, complementa e altera a Resolução Conama nº 357, de 17 de março de 2005.	http://www.mma.gov.br/port/conama/legiabre.cfm?codlegi=646

Poluição atmosférica

Legislação	Ementa	Endereço eletrônico
Resolução Conama nº 382, de 26 de dezembro de 2006	Estabelece os limites máximos de emissão de poluentes atmosféricos para fontes fixas.	http://www.mma.gov.br/port/conama/legiabre.cfm?codlegi=520
Resolução Conama nº 436, de 22 de dezembro de 2011	Estabelece os limites máximos de emissão de poluentes atmosféricos para fontes fixas instaladas ou com pedido de licença de instalação anteriores a 2 de janeiro de 2007.	http://www.mma.gov.br/port/conama/legiabre.cfm?codlegi=660

Poluição sonora

Legislação	Ementa	Endereço eletrônico
Resolução Conama nº 1, de 8 de março de 1990	Dispõe sobre critérios de padrões de emissão de ruídos decorrentes de quaisquer atividades industriais, comerciais, sociais ou recreativas, inclusive as de propaganda política.	http://www.mma.gov.br/port/conama/legislacao/CONAMA_RES_CONS_1990_001.pdf

Empreendimentos imobiliários

Legislação	Ementa	Endereço eletrônico
Lei nº 6.766, de 19 de dezembro de 1979	Dispõe sobre o Parcelamento do Solo Urbano e dá outras providências.	http://www.planalto.gov.br/ccivil_03/LEIS/L6766.htm
Lei nº 10.257, de 10 de julho de 2001	Regulamenta os arts. 182 e 183 da Constituição Federal, estabelece diretrizes gerais da política urbana e dá outras providências.	http://www.planalto.gov.br/ccivil_03/leis/LEIS_2001/L10257.htm
Lei nº 13.089, de 12 de janeiro de 2015	Institui o Estatuto da Metrópole, altera a Lei nº 10.257, de 10 de julho de 2001, e dá outras providências.	http://www.planalto.gov.br/ccivil_03/_Ato2015-2018/2015/Lei/L13089.htm
Lei nº 11.977, de 7 de julho de 2009	Dispõe sobre o Programa Minha Casa, Minha Vida (PMCMV) e a regularização fundiária de assentamentos localizados em áreas urbanas; altera o Decreto-Lei nº 3.365, de 21 de junho de 1941, as Leis nos 4.380, de 21 de agosto de 1964, 6.015, de 31 de dezembro de 1973, 8.036, de 11 de maio de 1990, e 10.257, de 10 de julho de 2001, e a Medida Provisória no 2.197-43, de 24 de agosto de 2001; e dá outras providências.	http://www.planalto.gov.br/ccivil_03/_ato2007-2010/2009/lei/l11977.htm

Responsabilidade ambiental

Legislação	Ementa	Endereço eletrônico
Lei nº 9.605, de 12 de fevereiro de 1998.	Dispõe sobre as sanções penais e administrativas derivadas de condutas e atividades lesivas ao meio ambiente, e dá outras providências.	http://www.planalto.gov.br/ccivil_03/LEIS/L9605.htm
Decreto nº 6.514, de 22 de julho de 2008	Dispõe sobre as infrações e sanções administrativas ao meio ambiente, estabelece o processo administrativo federal para apuração dessas infrações, e dá outras providências.	http://www.planalto.gov.br/ccivil_03/_ato2007-2010/2008/decreto/D6514.htm
Lei nº 7.347, de 24 de julho de 1985	Disciplina a ação civil pública de responsabilidade por danos causados ao meio ambiente, ao consumidor, a bens e direitos de valor artístico, estético, histórico, turístico e paisagístico, e dá outras providências.	http://www.planalto.gov.br/ccivil_03/Leis/L7347orig.htm
Lei nº 4.717, de 29 de junho de 1965	Regula a ação popular.	http://www.planalto.gov.br/ccivil_03/LEIS/L4717.htm

Educação ambiental

Legislação	Ementa	Endereço eletrônico
Lei nº 9.795, de 27 de abril de 1999	Dispõe sobre a educação ambiental, institui a Política Nacional de Educação Ambiental e dá outras providências.	http://www.planalto.gov.br/ccivil_03/leis/l9795.htm
Decreto nº 4.281, de 25 de junho de 2002	Regulamenta a Lei nº 9.795, de 27 de abril de 1999, que institui a Política Nacional de Educação Ambiental, e dá outras providências.	http://www.planalto.gov.br/ccivil_03/decreto/2002/D4281.htm